JN438030

Power人 용인세브란스

"혈액도 우리 몸의 장기로 인식해야 해요"

용인세브란스
혈액내과
이종화 교수

2012년 8월 이종화 교수는 혈액내과 전문의와 교수라는 타이틀을 내려놓는다. 6개월 모자란 30년이다. 마음 같아서는 더 할 수 있을 것 같은데 현실이 그렇지 못하다. 젊은 시절 동료들이 잘 나가는 과를 선택할 때 혈액내과에 대한 중요성을 인식하고 남다른 길을 걸어왔으니 그 애정이 각별한 것은 당연하다. 그래서 용인세브란스병원이 더욱 소중하게 느껴지는 이유도 이 때문이다.

우리 온 몸 구석구석을 흐르는 혈관의 길이는 대략 10만km, 지구를 두 바퀴 반이나 돌 수 있는 가늠이 불가능한 길이다. 혈액은 이 길고 미세한 터널을 다니며 산소를 운반하고, 소화된 음식성분을 옮기며 저장하고, 노폐물을 정화시킨다. 체온도 조절한다. 이처럼 인체에서 중요한 일을 맡고 있는 혈액에 대해 사람들은 무관심하고 무지하다. 위험한 출혈이 없는 이상 평생 괜찮을 줄 알고 산다. 이종화 교수가 혈액내과 전문의로서 발걸음을 내딛던 1981년이나 2011년인 지금이나 그것은 여전하다. 현실이 이러하니 혈액내과 치료가 필요한 사람들 중 일부는 때때로 전혀 상관없는 의사에게 진료를 받기도 한다.

환자들의 불편한 소리에 귀 기울여 온 30년

"혈관도 우리 몸의 장기로 인식해야 해요. 일상생활이 가능하다고 해서 또 수치로만 혈액의 좋고 나쁨을 알 수 있다고 해서 절대로 가볍게 여겨서는 안돼요. 그런데 사람들은 혈액에 대한 중요성과 그 관리에 대해 매우 소홀한 편이에요. 때문에 위험한데 위험한 줄을 몰라요."

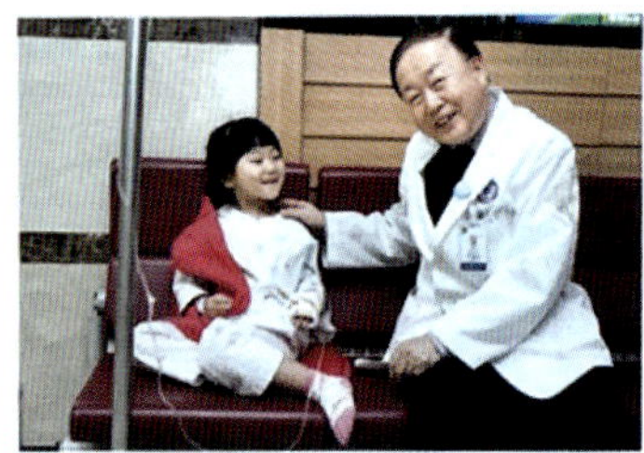

이종화 교수는 이와 같은 말을 그동안 수없이 해왔다. 그러나 늘 소귀에 경 읽기였다. 우리나라 여성 중 20%를 차지하는 빈혈 환자의 경우 치료만 잘하면 나을 수 있는데도 병원을 잘 찾지 않는다. 병원을 찾았다고 해도 좀 나아졌다 싶으면 발길을 끊는다. 백혈병 같은 진단이 내려지지 않는 이상 큰 탈 있겠나 싶은 것이다.

"얼마 전에도 혈색소 수치가 매우 낮은 여자 분이 진료 날짜에 오지 않는 거예요. 연락을 하니 괜찮다고 했는데 다시 나빠져 왔지요. 어떤 병이든 초기에 잡는 것이 가장 중요해요. 그러기 위해서 적극적인 예방이 필요한데, 국민의식이 바뀌지 않으면 이 또한 어려워요."

1995년과 1996년 용인세브란스병원장을 맡으며 진료를 했을 때 환자의 90% 이상이 소화기 관련 질병이었다. 혈액은 다른 내과에서 함께 보고 있었다. 그러나 이종화 교수가 오면서 혈액으로 고생하던 용인 지역 사람들에게 큰 혜택이 돌아갔다. 우선 시설 미비로 인한 진료 불가능한 경우가 아닌 이상 지역을 벗어나 큰 병원을 찾지 않아도 되었고, 자상하고 꼼꼼한 이종화 교수의 진료를 통해 기대 이상의 효과를 보았다. 특히 강남세브란스, 세브란스와 연계가 잘 이루어지게 한 것도 지역 환자들에게는 큰 혜택이었다.

"혈액에 관한 연구도 굉장히 발전했어요. 백혈병 환자의 경우 예전에는 항암제 위주의 치료였지만 지금은 조혈모 세포이식을 통해 치료합니다. 필요한 무균실과 같은 특수시설도 점점 늘어나고 있고요."

사람들이 혈액에 대해 문외한이었던 것만큼 발전도 더뎠던 것이 사실. 그래서 현직에 있을 때 가능한 많은 일을 하고 싶었던 이종화 교수는 아쉽게도 내년 8월 정년을 앞두고 있다. 동료들이 인기있는 다른 내과, 외과를 선택할 때 학문적으로 더욱 관심이 가고 중요하다고 판단하여 이 길로 들어선 지 어느덧 6개월 모자란 30년이 되었다. 후학의 길잡이가 되기 위해 의사로서의 평생을 게으름 피운 적이 없었으며, 강남세브란스에 도움을 주기 위해 더 큰 공부를 위해 미국 유학길에도 올랐었다.

"지난 30년 동안 환자의 입장에서 생각하고, 환자의 불편한 소리에 귀 기울이려고 노력해 왔어요. 또 퇴직 전까지 이루고 싶은 일들이 있어요. 강남세브란스병원에도 조혈모세포 이식을 위한 무균실을 꼭 만들고 싶은 것이 바로 그 일이에요. 필요성과 관심이 있는 만큼 좋은 결과가 있을 거예요"

마음 같아서는 지나온 30년만큼 앞으로 30년 동안 더 많은 환자와 후배들을 위한 지도를 할 수 있을 듯 한데 사회규정이 허락지 않으니 내심 안타깝다. 먼저 떠난 선배들도 그러했을 것이다. 그래서 이종화 교수는 기도 중이다. 이 자리를 떠나더라도, 이 자리에 있었을 때처럼 무언가 꼭 할 수 있기를.

37
always Young
2012 JAN•FEB Vol.70

이종화 박사와 아내 조명자 여사

큰아들 부부와 손자들

작은아들 부부와 손자들

의료봉사의 흔적들

▲ 중국 국제의료봉사단

▲ 우즈백 의료봉사

▲ 태국 의료봉사

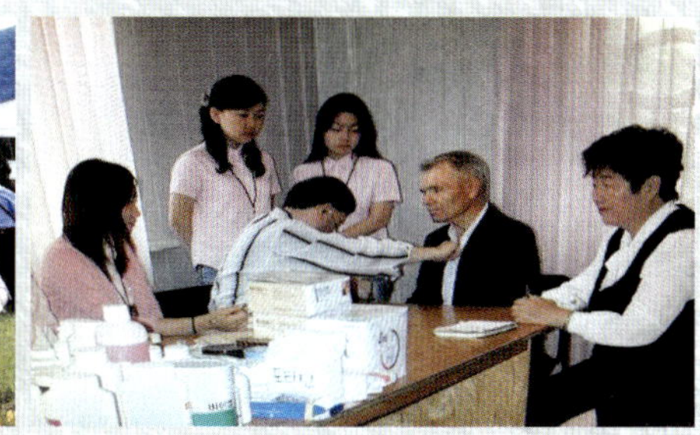

▲ 러시아 의료봉사

▲ 외국의료봉사

▲ 노숙자 의료진료

▲ 충북 무료진료봉사

▲ 영동교회 의료진료

의료봉사의 흔적들

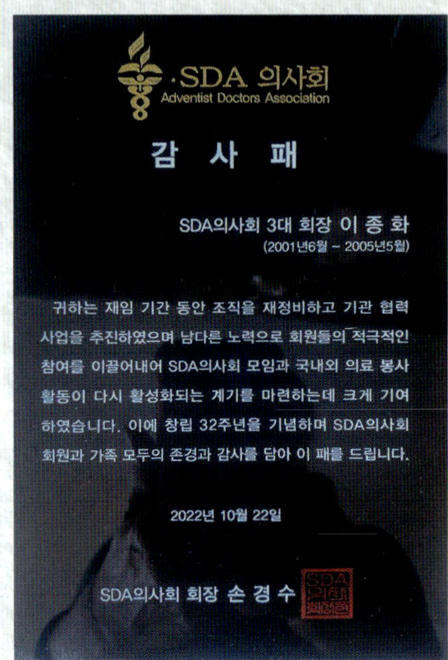
SDA 의사회
Adventist Doctors Association
감 사 패
SDA의사회 3대 회장 이 종 화
(2001년6월 - 2005년5월)
귀하는 재임 기간 동안 조직을 재정비하고 기관 협력 사업을 추진하였으며 남다른 노력으로 회원들의 적극적인 참여를 이끌어내어 SDA의사회 모임과 국내외 의료 봉사 활동이 다시 활성화되는 계기를 마련하는데 크게 기여 하였습니다. 이에 창립 32주년을 기념하며 SDA의사회 회원과 가족 모두의 존경과 감사를 담아 이 패를 드립니다.
2022년 10월 22일
SDA의사회 회장 손 경 수

YONSEI UNIVERSITY
1885
연 세 대 학 교
공 로 패
이 종 화 교수님
교수님께서는 본 대학교에 오랫동안 재직하시면서 교육과 연구를 통하여 후진양성과 학교발전에 크게 공헌하셨기에 이를 높이 기리어 이 패를 드립니다.
2012년 8월 31일
연세대학교 총장 정 갑 영

감 사 패
이 종 화
귀하께서는 강남세브란스병원 혈액내과의로서 평소 동창들의 건강관리에 기여함은 물론 동기회 발전과 회원 상호간의 인화단결을 위하여 남다른 사명감으로 헌신봉사 하셨기에 그 간의 노고에 감사드리며 전 회원의 뜻을 모아 이 패를 드립니다.
2011년 12월 9일
서울고 18회 동기회
회 장 이 인 영

2019
내과총동우회를 빛낸 인물
봉사부문 이 종 화
귀하는 2019 내과총동우회를 빛낸 가장 자랑스러운 동문으로 선정되었기에 이 패를 드립니다.
2019년 12월 3일
연세대학교 의과대학 내과총동우회
회 장 한 민 희

문학공원 산문선 70

어떤 장로의 의료선교 이야기

하늘이 내게 주신 사명

이종화 著

문학공원

책을 펴내며

매일매일을 은혜로운 날로 허락해 주시고 인간의 모든 만사를 다 주관하여 주시는 하나님의 역사하심을 깊이 감사드립니다.

지난 30여 년 전, 총 한 방 없이 소련제국을 무너뜨리고, 그 패거리들과 붉은 장막도 걷어 내고, 세계인들에게 문호를 개방케 하며, 그들에게 생명의 새 기운을 불어넣어 주셨던 우리 하나님의 역사를 통하여 전세계와 우리나라의 선교 봉사단체들도 큰 힘을 얻게 되었습니다.

하나님을 홀대하여 신앙이 낙후된 지역마다 한 줄기 큰 빛을 내려주신 위대하신 능력을 경하드립니다.

저는 그리스도가 최고의 의료선교사라 믿습니다. 고난의 일생을 오직, 병든 자들을 고쳐주고, 하나님 나라의 진리를 가르쳐주셨기에 그렇습니다. 저는 위대한 주님의 모습을 본받기 위해 노력했을 따름입니다.

주로 국내의 벽지나 낙도에서 수행되었던 의료선교 봉사활동을 하다가, 더 나아가 활짝 열린 해외의 여러 취약지역에서 하나님이 주신 사명을 수행할 수 있었으니, 그 영광에 감사드립니다.

저와 동료, 이웃들의 처음 노력은 미약하였으나 여러 어려움 중에서도 잘 이겨내게 해주시고, 저희 마음을 모아 기쁘게 동참할 기회를 주심에 또한 깊은 감사를 드립니다.

이제 세월이 지나면서 그 시절의 활동의 추억도 기억이 희미해지고 있습니다. 하지만 고귀한 사명을 힘닿는 대로 수행했던 일들이기에 잊히기 전에, 그 당시 기록하여 두었던 일일 활동 내용을 정리하고 싶은 욕심이 생겼습니다.

함께 의료선교 봉사에 동참하였던 믿음의 형제들과 함께 아름다웠던 그 옛일을 되살리고, 새삼 믿음 생활도 되돌아보면서, 다시 오실 우리 주 예수 그리스도를 즐겁게 맞이할 준비를 하는 데 조금이라도 도움이 될까, 몇 자 졸필을 통해 책자를 마련해봤습니다.

그동안 소식 적조했던 믿음의 형제들에게도 읽혀, 함께 기뻐하고 자부심을 갖는 영광 갖게 되기를 바랍니다.

부디, 주님께서 우리 곁에 다시 오실 때까지 강건하고 신실하시어 모두 천국에도 함께 가기를 간절히 기도드리며, 출간 인사에 갈음할까 합니다.

2023년 癸卯 봄날에

이 종 화 장로 拜上

Prologue

나는 과거 경남 울주 삼동면 하잠리에서 태어났는데, 지금 울산광역시의 서부에 있는 군이다. 울주의 상북면에 있는 마을은 '등억리' 앞에 알프스를 붙여 '등억알프스리'라고 부를 정도로, 내 고향 산세는 아주 아름답다. 그곳의 배내골, 에덴밸리 리조트 등은 전국적으로도 유명하다.

우리가 흔히 알고 있는 '해와 달', '나무꾼과 선녀'와 같은 설화는 울주에서 탄생한 것으로 전해지고 있다. 또한 울주 사람들은 맹수의 왕인 호랑이를 아주 친근감 있게 여기고 있다. 우리는 어릴 때부터 '호랑이 무덤'이나 '효자 노충각을 도운 호랑이'처럼 우애 깊은 가족, 열녀와 효자에게는 호랑이가 수호자의 역할을 해주고, 자기 새끼를 귀여워 해주면 보답하는 동물로 알고 자랐다.

나는 스스로 감성이 깊다고 생각하는데, 산 좋고 물 맑고 인심 좋고, 언제든 아름답고 인정 가득한 전설을 듣고 자란 덕이 아닌가 싶다.

초등학교 1학년을 마치고 부산으로 가서 학교를 다녔는데, 나를 낳아준 울주를 결코 잊지 못한다.

아버지는 초등학교 교장 일을 하셨고, 어머니는 그야말로 현모양처이셨다. 지금도 부모님의 그 자애로움을 늘 가슴 속에 안고 산다. 나는 4남 4녀의 다복한 가정에서 태어나 지금은 맏이가 되었지만, 형님 두 분과 누님 두 분이 먼저 돌아가신 탓이다. 남동생은 서울공대와 카이스트를 나와 산업대에서 봉직했고, 여동생 2인도 모두 교직에 있었다.

아내 조명자는 충남 부여에서 자라 서울에서 나를 만났는데, 말수 적고 거기에 적잖이 무뚝뚝하고 권위적인 남편인 나 때문에 살면서 답답한 점이 많았을 거라 본다. 하지만 나의 그런 생활 태도를 한 번도 고깝게 여기지 않고 다 받아준 내 아내가 새삼 고맙다.

우리 부부는 아들 둘을 두었다. 동욱(43), 동훈(41)으로 둘 다 중고등학교 때 미국으로 가서 공부했는데, 내과 의사인 나와는 달리 둘 다 애리조나주와 캘리포니아 북쪽에서 치과의사로 살고 있다. 이들을 빗나가지 않게 바로 잡아주며 일거수일투족을 보살핀 사람은 바로 내 아내였다. 아내는 나를 떠나서 미국으로 건너가 서울에 오지도 못하고 아들들과 함께 10년 넘게 살았는데, 내가 해준 일은 그저 하루 한두 번씩의 전화통화가 고작이었다. 그런데 한국에 있는 남편과 시도 때도 없이 통화하는 아내를 주위 사람이 웃으며 한다는 말이 "남편이 사랑을 넘어서 아내를 감시하는 거 아니냐? 혹시 오해받을 일이 있었느냐?"고 물었다고도 한다. 지금도 가족을 챙기는 내 방식이 세련되지 못했나 싶어 약간 어색하기도 해서 헛웃음이 피식 나오기도 한다.

손녀인 큰아들의 딸인 하나는 지금 미국 학제로 9학년이다. 그 귀여운 아이가 최근에 학교에서 스피치를 했는데, 테마가 "Grandpa's life(할아버지의 인생)"이었다고 했다. 의사로 살면서 가난하고 약한 사람들을 찾아 의료봉사를 하고, 하나님의 말씀이 미처 닿지 못한 외국의 오지를 다니며 의료선교를 한 점이 자랑스럽다고 말했다는데, 손녀 하나가 할아버지를 바라본 그 시선만으로도 내 평생 후회되는 일이 없고 마냥 행복하기만 하다.

현대의 한국인들은 부모, 자녀, 배우자 때문에 가족생활에서 적잖은 사람들이 심각한 갈등으로 알고 있다고 듣고 있다. 자랑한다고 흉을 보더라도 그런 점에서 좀 이야기하겠는데, 우리 가족 중에는 누가 누구를 지배하거나 의지하는 그런 관계의 구성원이 없다. 나와 아내는 각자 맡은 바를 했다고 생각하고, 자식들 또한 부모를 떠나 일가를 이루고 말썽 없이 잘 살고 있으니 참 다행이다.

우리 가족이 평안토록 지켜주시고 아주 작은 것까지 거두어주신 하나님께 감사를 드리는데, 동시에 중요한 교훈도 깨달을 수 있었다. 꼭 직접 피를 나눈 사람이어야만 형제자매이고 가족이란 말은 아닐 것이다. 나보다 못살고, 외롭고, 지식이 부족한 사람이 있다면 그들에게 내가 가진 달란트를 아무런 조건 없이 내주어야 하는 것은 하나님의 똑같은 자식으로서 우리의 엄중한 의무가 아닐까로 생각된다.

직접 참여해보니 의료선교가 결코 쉬운 일은 아니었다. 하지만 내가 모르는 사람 중에는 능력이 큰 사람들도 아주 많이 있을 것이다. 앞으로도 여러 사람들이 나서서 하나님의 말씀도 못 듣고, 재산도 빈한하며 거기에 병마까지 겪고 사는 사람들을 의료선교의 사역으로 도와준다면, 우리가 주님 만날 때 그 영광스러운 은혜를 모두에게 풍성히 주시리라 확신한다.

차례

제1부 의료선교

차례

제2부 회상

제1부

의료선교

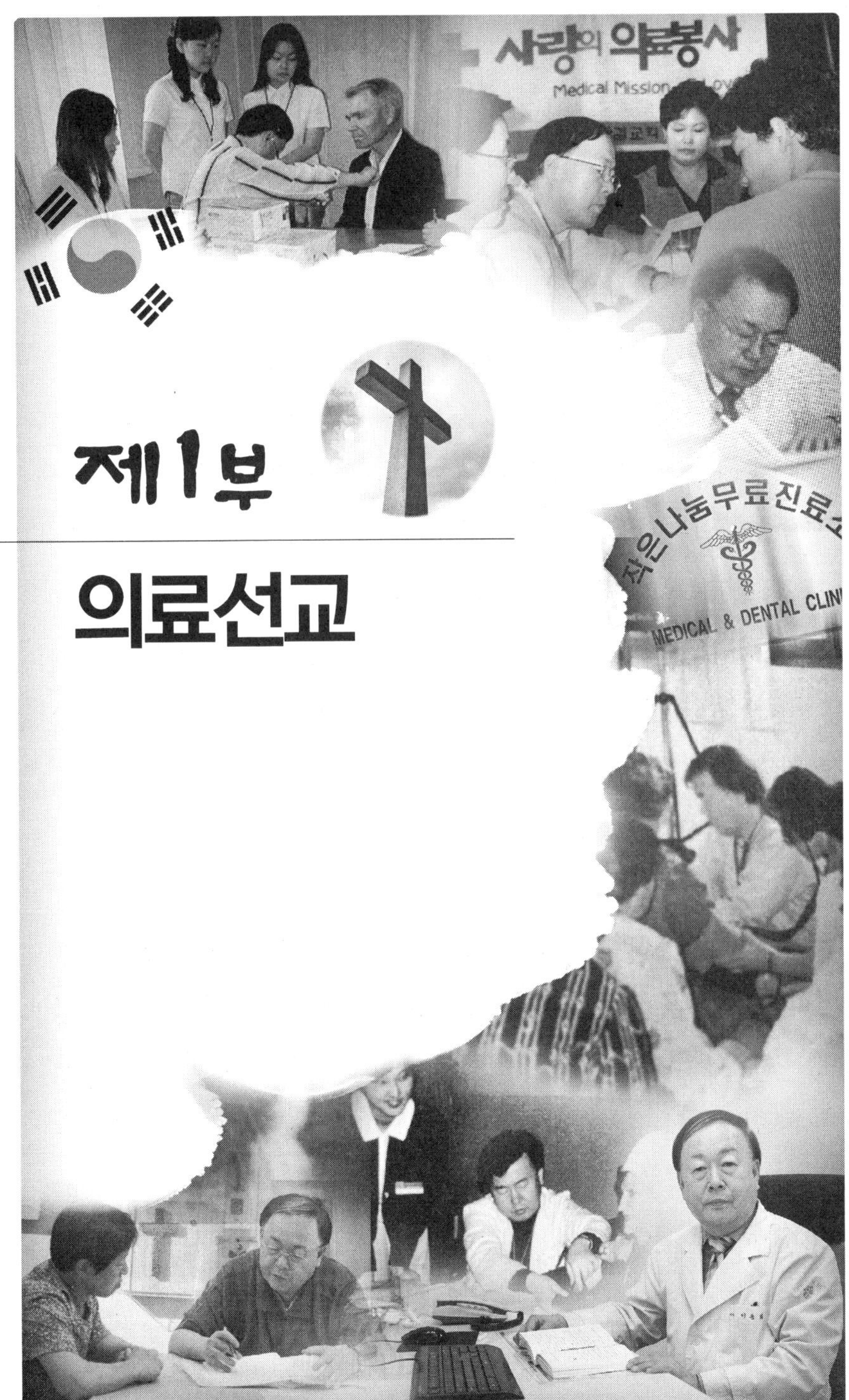

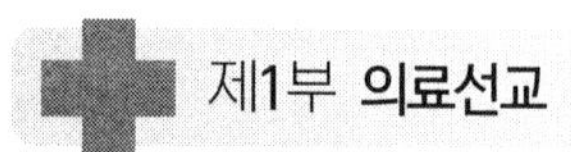

의료선교란?

전문인 선교란 텐트메이커라는 말로, 사도 바울의 사도행전 18:3의 '그가 천막을 만들면서 선교한 것'에서 유래되었는데, 우리말로는 전문인 선교, 직업 선교 등으로 쓰인다. 어떤 직업, 즉 고도의 전문성을 요구하는 것에서부터 단기간의 훈련으로 충분한 것까지, 의사, 기술자, 교수, 숙련공 등이 해당된다.

소명의식을 가진 목회자나 신도가 다 이에 속하고, 타 문화권에서 거주하며 활동하게 되는 특성이 있다. 현지인에 대한 전도와 나아가 교회를 개척함에 최우선권을 둔다.

전 세계 빈민의 82%가 아프리카, 아시아의 저개발국가인 네팔, 방글라데시, 부탄, 아프가니스탄, 인도, 캄보디아, 라오스, 파키스탄, 베트남, 몽골, 필리핀, 스리랑카, 인도네시아, 북한, 르완다, 우간다, 에티오피아 등 18국에 포함되고 있다. 이곳 거주민들은 식량난, 문맹, 보건 및 의료혜택의 미비로 인하여 고통 가운데 있으며 그리스도를 받아들이지 못하고 살다가 죽을 수밖에 없는 영혼들이다.

우리 전문인 선교는 전인 선교를 통해 하나님의 사랑을 구체적으로 표현하되 정의와 인간의 존엄성 그리고 의식주의 문제로 어려움을 당하고 있는 사람들을 돌아봄으로써 그 사랑을 입증할 수 있어야 한다.

복음전도 사업과 의료선교 사업은 병행되어야 하고 하나님 사업에 긴밀하게 연결되어 있어야 한다. 참된 의료선교 사업은 실천에 옮겨진 복음이고 이 사업을 통해 복음이 전파되고 실천되어야 한다.

의료선교란 의료를 통하여 질병을 예방하고 병을 퇴치하는 것뿐만 아니라, 영혼까지 구원하며 치료하는 전인치료를 목표로 하며, 의료기술과 지식이 선교에 도구가 되도록 드리는 활동을 말하며 단기와 장기선교로 나눌 수 있다.

단기 의료선교의 장점

단기 의료선교는 선교전략 상 중요하고 기여도가 크고 잠재적 선교자원을 선교 현장으로 이끄는 힘을 가진다.

장기 선교사가 접근하기 어려운 지역에 선교 접점을 마련해 주며 정착 선교사를 지원, 격려하여 선교 현장에 활력을 얻게 한다.

다양한 전문성을 활용하여 사역의 효율을 높일 수 있다.

단기 의료선교 훈련을 통해 자신의 은사를 확인해 볼 수 있으며, 책임감, 열정을 체험하고 장기 선교사로 헌신하는 계기가 될 수가 있다.

단기 의료선교의 단점

지속성이 떨어지고 전문성 확보가 어려우며 현지 여건에 맞추기 힘들다.

단회성이므로 과감한 투자가 힘들고 활동기간에 비해 비용이 많이 든다.

장기 사역자를 지치게 할 수 있고 선교지에 대한 잘못된 인상을 받을 수 있다는 특징이 있다.

단기 의료선교의 장소는 가능한 가까운 곳에, 경비가 적게 들어야 하고, 문화충격이 큰 곳에는 현지 장기 선교사와 긴밀히 연락하여 결정하여야 한다.

최소 1년 전부터 인원, 기간, 장소, 사역계획을 세우고 현지의 질병 상태, 의료수준, 전기, 위생, 숙박 시설, 통관 관계, 차량 이용, 식수, 식사 등을 알아봐야 하고, 참여할 인원 발굴, 약품 및 기구를 준비해야 한다.

단기 의료사역은 지속성이 떨어지니 한 곳을 계속 찾고 전문 분야의 의료인만으로 팀을 구성하여 심도 있게 진료해야 한다.

장기 선교

장기 의료선교는 의료선교의 꽃이라 할 수 있다.

단기 의료선교 인원의 약 5% 정도에서 장기 의료선교로 헌신해 오는데(외국의 경우 20%에 이름), 훈련된 의료선교사로 파견되고 기존 의료선교 단체의 일원으로도 참가하게 된다. 의료인력이 부족한 기존의 의료선교병원을 지원하게 된다.

▲ 영동교회의 강원도 호산 지역 하계 무료진료 중

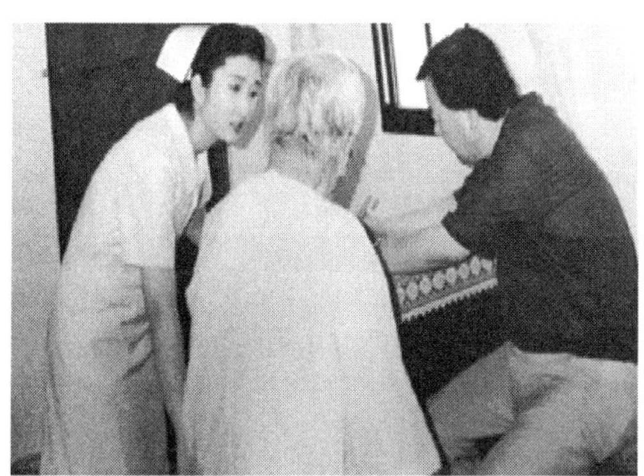

▲ 영동교회 충북 금산 양로원 무료진료 중

국내와 해외 의료선교가 있으며 이 중 해외 의료선교는 인력이나 시설이 부족하고 낙후된 개발 도상국들을 상대로 선교목적으로 의료시설과 의료요원을 제공하게 된다.

1994년 120개국에 3,227명의 선교사가 파송되었는데, 이 중 의료선교사는 80명 정도 되었고, 2006년 말에는 168개국에 14,905명이 파송

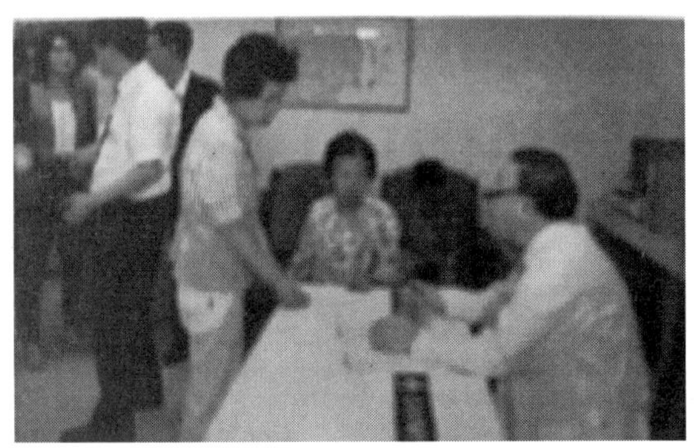

▲ 삼육서울병원의 경기 일산 송산동민 무료진료 중

되었으나, 2009년 말에 파견된 의료선교사는 500명이 채 안 되었다.

이어 2015년 171개국에 27,205명이 파송되었고(재림교회 선교사는 1958년 266명에서 2020년에 7,338명에 이름), 2021년 보고에는 167개국에 22,210명이 227개 단체에서 선교사가 파송되었다.

국내 의료선교는 1969년 한국기독교 의료선교협회가 경기도 선린촌에 최초 진료봉사를 시작하였고 이후 각각 교회별 의료인이 중심이 되어 미자립교회, 양로시설(사진), 오지나 벽지에 진료하였고(사진), 의료선교병원이 대도시에 있어 병원 선교를 하고 먼 지방에도 출장하여 지역민을 진료하였다(사진).

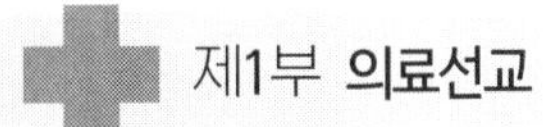

국내 대도시 의료선교병원

한국 최초 대도시의 의료선교병원으로는 1885년의 의료선교의 선구자, 미국 의사 알렌에 의하여 제중원이 설립되었고, 이후 세브란스병원으로 크게 발전하였다.

그 후 수많은 기독 의료선교병원이 설립되었고, 1967년 이후 병원 의료선교협회가 발족되어, 효과적인 병원 내원객에 대한 선교적 의료(성경 공부, 수술 전 기도, 정기예배, 침례식, 퇴원 후 지역 교회 소개 등)를 제공해온 것을 기반하여 의료선교의 주축을 이루어 왔

▲ 연세의대 강남세브란스병원 충북 의료 봉사팀

으며 병원 외부에도 정기적, 부정기적으로 의료시혜를 제공(연세의료원 의료선교센터 등)해왔다.

도시의 수용시설, 윤락녀, 부랑인, 빈민, 외국인노동자, 재해민에게 지원을 나갔고, IMF 사태 이후 생긴 실직자, 노숙자, 무의탁 노인, 소년소녀가장과 수재민 등 그 대상이 아주 다양하였다.

1977년 한국기독교 의료선교회에서 방글라데시에 최초 단기 의료선교를 하였고 이후 선교병원이나 의과대학의 학생, 교직원 등으로 구성된 의료팀이 봉사, 선교의 목적으로 국내외에 봉사 나가게 되었다(사진).

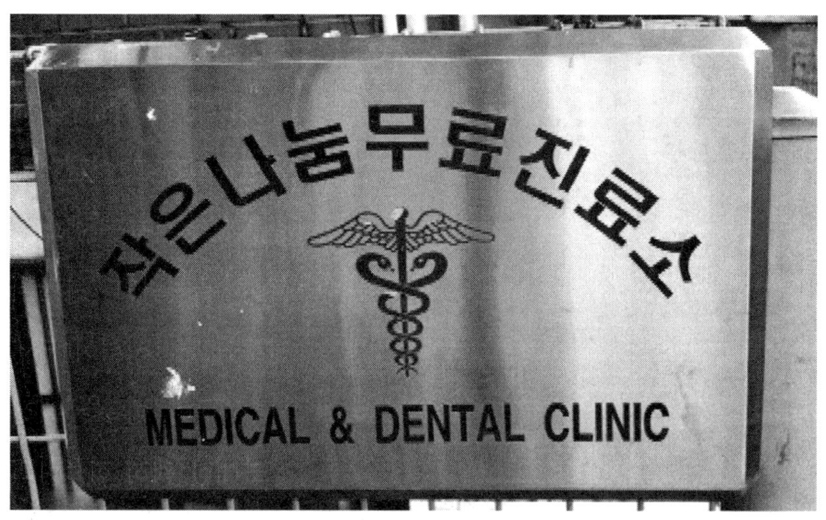

경동교회 선한이웃클리닉진료소와 SDA작은나눔무료진료소 등 1999년 이후 한국 내 외국인 노동자들에 대한 의료봉사를 시행해왔다.

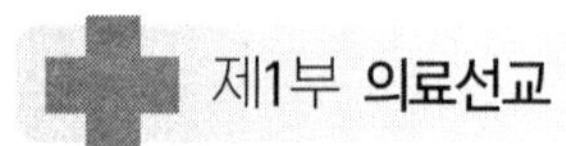

해외 의료선교병원

아픈 환자를 치료하여 돕는 의료 선교사역은 그리스도의 가르침 안에서 만남을 통하여 사회, 문화, 종교 그리고 민족, 국가 간의 한계를 극복하고 육체적, 정신적, 사회적인 치료에서 진일보한 영적인 치료까지도 담당하여 그리스도의 사랑과 복음을 전달할 수 있다. 해외 의료선교와 관련된 단체로는 교회, 병원, 대학, 선교단체가 1998년에 56개의 기관이 있었고, 2000년에는 136개 기관, 2006년 말에는 168개국에 파송하였으며, 국외 기관으로는 UNICEF, WHO, FAO 등이 관여했다.

병원급이 12개소 있으며 네팔의 돌카병원(장미회), 파키스탄의 선한사마리아병원, 방글라데시의 꼬람돌라병원, 인도네시아의 아카페병원, 몽골의 연세친선병원, 칠레의 레무크병원, 에티오피아의 명성기독병원, 베트남의 남딘아가페병원, 미얀마 양곤에 베데스타클리닉 등이 한국인에 의해 설립되었고, 최근에는 KOICA에 의해 캄보디아 프놈펜에 이비인후과 전문병원도 설립되었다.

그러나 한국인 의료팀을 만들어 사역하려 애를 쓰지만, 지원자가 거의 없는 현실이다. 그래서 한국 병원들이 의료선교의 완전한 뿌리를 내리지 못하고 있다.

초교파적 협력선교의 모델을 개발하기 위한 의료선교대회를 1989년부터 매 2년마다 개최해 의료선교 인력을 발굴해 오고 있다.

의료선교 훈련원을 설립하고 전문적 훈련을 담당하고 있고, 의료적 지식 외에 영적 안목을 소유하게 하며 선교지의 정보를 획득하게 하고 있다. 인간의 몸 외에 마음, 정신을 같이 치료해 그리스도를 바라보는 영원한 치유를 목표로 하고 있다.

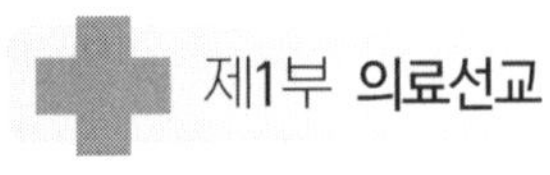

북한 의료지원

1991년에 북한주민 돕기로 시작하여 사랑의 의료품나누기운동으로 출발하였고, 1997년 이후 적극적인 의료지원 활동이 시작되었다.

1998년 10월에 한민족 의료봉사단이 북한에 들어갔고, 2000년에는 북한의료선교위원회를 조직하고, 4차례 한민족복지재단 의료위원들이 북한을 방문하여 의료지원에 대하여 논의했고, 2001년에는 12회에 걸쳐 평양과 북한 지방에 대한 의료장비 지원과 의료교육 시범을 했고, 평양의과대학 현대화 사업이 2000년 4월부터 2008년 6월 이후까지 수행되었으며, 2008년 11월까지 북한 내 12개소 보건 의료 기관이 지원을 받게 되었다.

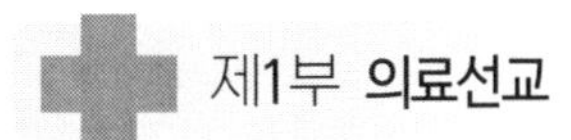

회교권과 기타 의료선교병원

회교권에는 1991년에 파키스탄 카라치에 선한사마리아병원이 CCC 아가페에 의해 설립되었고, 1992년에 방글라데시의 꼬람돌라에 꼬람돌라병원이 희년선교회에 의해 설립, 1993년 인도네시아 신땅에 세계아가페선교회에 의해 아가페의료센터가 설립되었다.

1990년에 장미회에 의해 네팔에 가우리상카병원이, 1994년 연세의료원에 의해 몽골 울란바토르에 연세몽골친선병원이, 1997년에는 베트남 남딘에 남딘아가페병원이 베트남선교위원회에 의해 각각 건립되었다.

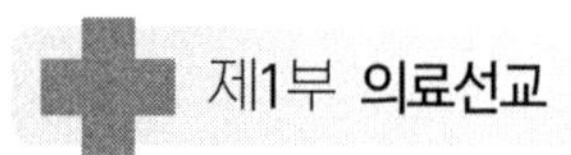

의료선교의 전망

18세기와 19세기에 세계선교를 통해 기독교 세의 확산 결과로 신의 존재를 부정하는 공산주의와의 격렬한 대결을 통해 20세기 말에는 공산주의를 패퇴시키고 하나님께 영광을 돌렸던 기독교는, 이제 그에 못지않은 이슬람의 확대로 다른 위기를 맞고 있다.

선교사들에 대한 타 문화권이나 미전도 종족에 대한 선교의 문이 더 좁아지고 있다. 치유의 은사를 가진 의료선교사의 역할이 세계적으로 인정되면서(로잔선언 1. 11) 의료선교에 대한 요구가 점차 증가하고 있는 중이다. 한국에서는 한국기독교 의료선교협회에서 주관하여 효과적인 의료선교 활동을 기획하고 실행하여 역사해 왔고 지속되고 있다.

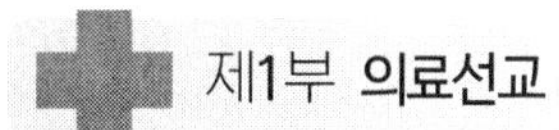

해외 단기 의료선교

SDA 의료봉사회에서는 1993년 이후에 중국(사진), 우즈베키스탄(사진), 필리핀(사진), 러시아(사진), 태국(사진), 캄보디아 같은 곳에 선교병원, 교회, 의사회 등에서 단기로 기독교인 해외 진료를 협력하여 시행하여 오고 있다.

▲ 1993년 중국 심양 조선족동포 진료 중

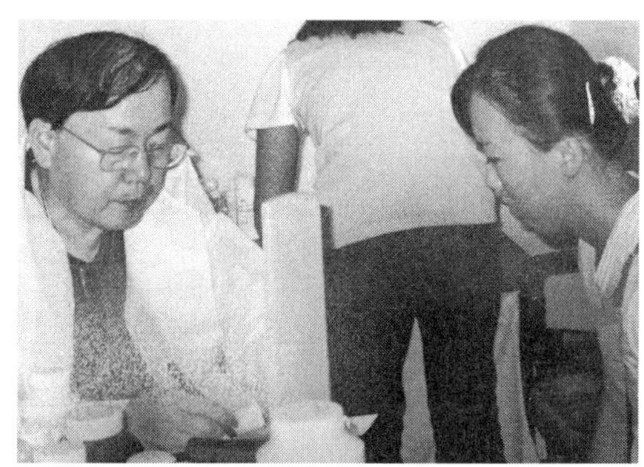

▲ 중국 조선족동포 진료 중

▲ 1994년 우즈베키스탄에서 현지인 의료봉사 중

▲ 필리핀 민도르 지역에서 의료봉사 중

▲ 성락교회 태국 진료봉사에 참가

▲ 러시아 하바로프스크에서 의료봉사 중

고려인 강제이주 역사

구소련의 스탈린은 일본 첩자들이 러시아의 극동지역으로 침투하는 것을 막는다는 목적으로 1937년 9월부터 11월까지 극동 러시아(주로 연해주 지역)에 거주하던 172,000여 명의 조선인 이주민, 고려인을 당시 소련의 중앙아시아지역으로 6,400Km를 열차를 통해 강제 이주시켰는데, 수백 명이 열차 안에서 숨지기도 했다. 이들 중 약 100,000명이 카자흐스탄에, 약 70,000명이 우즈베키스탄으로 강제로 보내졌다.

강제 이주 후 고려인들은 스스로 집단농장을 구축하거나 기존의 현지인 집단농장에 참여하여 작물 재배나 어업에도 종사하게 되었다. 초기에만 다소 보상금을 받은 이후 중앙정부의 지원은 거의 받지 못했고, 초기의 감시에서 정부의 무관심으로 거주지나 교육환경도 제공받지 못했고, 척박한 환경에서 추위와 굶주림, 풍토병으로 최소 만 6천 명에서 최대 5만 명이 사망한 것으로 추정된다.

이런 시련 속에서도 이들은 현지 사회에 빠르게 동화되어 성공을 거두었고 1970년대 조사에 의하면 대학학위 수급자 비율이 현지인의 2배가 되었다.

1950년대 이후 고려인은 인접 키르키스탄이나 타지키스탄 등으로 분산되기도 하였고, 새 지역에 동화됨에 따라 2세부터는 한민족의 정체성, 언어, 문화가 빠르게 흐려지게 되었다.

1970년에 64~74%의 고려인이 한국어를 제1 언어로 사용하였으나 2000년대는 10%만이 한국어를 사용하게 되었다. 1989년 소련 최고회는 스탈린의 강제 이주를 불법이라 선언하였고, 소련의 와해 후, 1991년 명예회복법에서 강제이주를 민족 말살이라 평가하기도 했다.

소련 해체 이후 고려인들이 한국으로 이주가 본격화되면서 고려인들의 한국 내 집단 거주지가 형성되기 시작하였다. 현재 세계 고려인 인구는 약 50만으로 중앙아시아를 중심으로 남부 러시아의 볼고그라드 부근, 러시아 서쪽의 에스토니아, 라트비아, 리투에니아의 발트3국과 우크라이나, 캅카스에도 소수 고려인 공동체가 존재하고 있다. 이들은 대부분 19세기 말에 러시아 연해주로 이주하였던 초기 러시아 거주 조선인에서 기원하고 있다.

우즈베키스탄 의료선교(1994년 12월 21-27일)

12월 21일

우즈베키스탄행 저녁 비행기, 예정보다 1시간 늦게 개찰하고 오후 8시 30분에 출발하였다. 소형 제트기이나 그래도 좌석은 지정이 되어있음에도 마구 뒤섞여 앉게 하였다. 양손에 물건을 잔뜩 든 보따리 장사꾼들이 대부분인 것 같다. 러시아 사람들도 많이 보였다.

저녁 식사는 잘 차린 양식으로 먹었다. 기내의 사람들이 담배를 너무 많이 피워 목구멍이 칼칼하였다. 옆자리에 함께 앉은 러시아어 전문 교수와 대화도 나눴는데, 30대의 그는 고려인 3세라 했다.

진눈깨비가 뿌려대는 타슈켄트공항, 비행기 트랩을 내려서 셔틀로 공항 내 비자 발급처에 가서 한참 기다려 비자를 발급받았다. 세관 검사대 통과는 한참 지연되었는데, 가져간 약 때문이었다. 일반 의약품이라고 했지만, 마약인 줄 알고 뜯어보고 확인하느라 많은 시간이 걸렸다. 우리의 짐들만도 수십 개나 되었다. 공항 밖으로 나가는 출입문이 아주 작고 불편하였다. 공항 앞에는 사람들이 몰려 있었고 짐꾼들이 짐차를 밀고 와서는 짐을 실었다.

타시켄트에서 사역하는 한인 목사와 최초의 고려인 여신자가 함께 마중을 나왔다. 나는 목사의 차를 타고 교회로 갔고 다른 대원들은 버스를 이용하여 교회로 갔다. 도착한 교회는 꽤나 컸는데, 전년에 새로 지은 건물이었다. 많은 짐들을 내리고 교회 안의 방으로 옮겼다.

12월 22일

새벽 5시경에 도착한 우리는 감사기도를 드리고 나서 몇 시간이라도 눈을 더 붙이기 위하여 매트리스에 이불을 덮고 누웠다. 아침에 옆에서 나를 향해 뭐라 이야기하는 걸 들었는데, 내가 너무 코를 골아서 잠자기가 힘들었던 모양이었다. 미안해서 따로 방을 써야 하겠다고 했다. 잠을 못 자서 많이 피곤한 모양이다.

앞집 지붕에 눈이 쌓여 있었다. 타시켄트에는 올해 들어 처음 온 눈이란다(사진). 우리가 눈을 가져온 셈이다. 세수하고 나서 아침기도를 드리기 위해 예배실로 모였다. 각자 자기소개를 하고 인사를 나누었다.

타시켄트 지역 SDA 연합회장이 총무목사와 함께 방문하였고,

연합회장은 독일인인데 얼굴 모습이 선하게 보였다. 독일사람들도 구소련에 많이 거주했는데, 소련이 무너진 후 독일로 많이 되돌아갔다고 한다. 그럼에도 아직 남아서 사는 사람들도 있는 모양이다.

아침식사는 이 교회 목사 사모와 집사들이 맡아서 준비해 놓았다. 된장 배춧국, 감자와 두부조림, 백김치 등이 입맛을 돌게 해주어 맛있게 식사를 하였다. 후식으로 내어놓은 사과는 아주 작고 못생겼으나 먹어 보니 맛이 좋았다. 이곳 타시켄트지역은 과일이 많이 생산된다고 한다.

우리 짐을 실을 차가 왔다. 차 안에 가득히 짐을 싣고 떠난다. 버스를 타고 치르치크로 갔다. 차가 낡을 대로 낡아서 속력은 나지 않는 것이 겨우 기어가는 것만 같았다.

멀리 공장이 보이는데 문을 닫은 곳이 많이 보였다. 이유는 급여가 적다고 노동자들이 사직을 해서란다. 러시아인들이 이곳을 많이 떠나고 의료인들도 주로 러시아인들이었는데, 떠나가 진료에 애로사항이 많다고 하였다. 차 안에서 이런저런 이야기들을 하며 시간을 보내고 있는데, 차가 도중에 멈추고 말았다. 모두가 내려 차를 뒤에서 밀어 어렵사리 시동이 걸렸고 다시 차를 타고 떠났다. 눈이 계속 왔다. 눈이 조금씩 쌓였다. 드디어 차가 치르치크 시내로 들어간다. 러시아인들이 계획해서 건설한 도시로 건물들이 멋지고 길거리도 넓고 가로수들도 잘 자라 있었다.

어느 지점에서 차가 잠시 정차하더니 러시아인 교인 청년이 한 사람 탑승하였다. 그가 우리를 숙소로 안내할 모양이다. 한동안 길을 찾더니 우리를 어느 이층집으로 데려갔다. 집 앞에 차를 세우고 짐을 내려놓는다. 모두가 나와서 줄을 서서 짐들을 받아넘겼다. 우리가 빌린 집은 방들이 많고 난방이 잘 되고 있었다. 가스도 잘 들어오고 있는데, 가스공급관의 설치된 모양이 특이하고 집과 집 사이에 공중으로 관을 연결하여 공급하고 있었다.

대원들 모두가 방을 배정받았고 짐을 정돈하였다. 점심 겸 저녁식사를 하였고 오후 예배시간을 가졌다. 예배를 보고 가져온 약 박스를 뜯고 약들을 확인하였다. 서울위생병원에서 약을 4박스나 지원해 주었고. 오 박사도 3박스 이상 조달해 왔다. 나도 2박스를 가져왔는데, 진통소염제, 항생제, 위장약, 감기 호흡기약, 고혈압약, 비타민류, 외용약들이었다.

이곳 우즈베키스탄은 약품이 귀하다고 했다. 그래서 외부의 도움을 크게 바라고 있음이 역력했다. 우리 팀이 가져온 약이 이들에게 다소라도 도움이 될 것으로 생각되었다. 이미 다른 대원들은 가정방문을 하기 위해 밖으로 나갔고 러시아 신자들과 함께 여러 집을 방문하고 이들을 집회로 인도하고 치료도 받도록 하였다. 우리도 준비되는 대로 진료를 하기 위해 대기하였다.

12월 23일

오전에 치르치크 시장을 만나러 시청으로 갔다. 시청 건물은 잘 지어져 있었고 여러 민족 사람들이 드나들고 있었는데 한 러시아인 할머니가 아픈 다리를 뻗고 의자에 앉아 있다가 우리에게 말을 건네왔다. 이전까지 연금 혜택을 받다가 지금은 연금이 잘 지급되지 않는 모양이다. 오 박사가 가져온 약간의 초콜릿을 건네주었다. 시장 비서는 우즈베키스탄 사람처럼 키가 큰 여자인데 우리가 가져온 약을 조금 건네주었더니 고마워하였다.

이내 만난 시장은 50대 후반의 러시아 남자였는데, 우리 고려인에 대해 잘 이야기해 주었다. 이곳에는 70여 민족이 같이 모여서 지금껏 잘 지내왔다고 하였다. 그들에게는 고려인이라고 특별히 다른 것은 없는 것 같았다. 이곳 부시장이 고려인이고 김씨 성을 가졌는데 인물도 잘생기고 점잖아 보였다. 고려인으로 크게 출세한 사람이란다. 그에게 우리의 방문 목적을 설명하고 협조를 구하였다.

오늘은 생각보다 환자가 많지 않았다. 나에게 10명 정도, 오 박사한테도 10명 정도 있었다. 약품이 넉넉했기에 맘이 든든하였다. 다음날 오후에도 무료 진료를 할 예정이었다. 숙소로 돌아오는 도중 안내하는 집사가 길을 잘 몰라 한참 시가지를 돌아다니게 되었으나 시내 구경을 잘한 셈이었다. 늦게 돌아오니 남아 있던 대원들이 우리가 걱정이 되어 기도를 하고 나서 우리를 찾아 나서려 하던 참이었단다. 저녁 식사를 하고 나니 졸음이 쏟아졌다.

12월 24일

안식일을 맞았다. 아침에 일어나 세면과 몸단장을 하고서 안식일 예배를 보려 했으나 예배당이 없어 우리가 기숙하는 집에서 보아야 했다. 평일 아침보다 여유가 있었다. 아침 9시부터 안식일학교가 시작되었다. 먼저 이곳에 와서 고생하는 천명선교사 중의 한 사람이 나와서 하나님 사업을 위해 고생하면서도 보람을 찾는 이야기를 하면서 눈물을 글썽거리는 모습을 보고 나도 모르게 눈시울이 뜨거워짐을 느꼈다. 그리고 한 번 선교사역에 지원해 보길 권하였다. 우리 대원 중에도 이미 1년 동안 필리핀에서 선교를 하고 온 학생도 있었다. 우리 교회 집사의 조카인데 그 행동이 착하고 말씨 하나하나가 은혜가 넘치는 듯했다. 또 다른 대원들이 나와서는 하나님 사업을 위해 헌신할 포부를 말하였다. 요즘 젊은이들 같지 않았는데, 오직 이 땅에 하나님의 사랑을 전하기 위해서 먼 곳을 찾은 그들이다. 앞으로 1주 이상 더 수고하며 가가호호 방문하여 그들을 상대로 우리의 신앙을 간증하고, 우리 교민들도 위로하고 하나님 모르는 그들에게 신앙을 심어 주게 될 것이다.

본예배는 11시에 시작되었는데 인솔한 목사의 설교가 있었다. 대원들을 즐겁게 하기 위하여 재미있는 화제들을 많이 인용하였다. 처

▲ SDA우즈베키스탄 의료봉사 중

음 목회시 청년전도사로 한국 안면도에서 학생들을 상대로 전도하던 이야기를 재미있게 하였고, 그날 우리도 열심히 선교에 노력할 것을 다짐하였다.

러시아인들이 여러 사람 진료를 받기 위해 왔다. 오후 2시부터 다시 무료진료가 시작되었다. 오늘은 환자가 좀 더 많다. 고혈압, 관절염, 위장병, 두통 등이었는데, 가져온 약을 다소 여유 있게 처방해 주었다. 고려인 교포들이 주로 많았고 러시아인들도 많았다(사진).

오후 진료 후에는 이곳 교민 3세의 결혼식이 있다 하였다. 모두 초청을 받아 버스로 결혼식이 열리는 곳으로 이동하였다. 결혼식이 열릴 건물은 크고 잘 지어져 있었다. 건물 안은 넓은 홀로 되어있었고 고려인들이 이미 음악에 맞추어 신나게 춤을 추고 있었다. 우리나라의 젊은이들이 잘 가는 나이트클럽의 춤과 거의 같았다. 조용필의 '돌아와요 부산항에'가 연주되고 있었다. 우리를 위해 뒤쪽에 좌석이 마련되어 있고 음식들이 많이 차려져 있었다. 음식은 떡, 나물, 김치류, 음료 등이 나왔고 이곳 특유의 큰 빵도 있었다. 우리 여학생들이 신랑신부 앞에서 축가를 불러 주었다.

처음 보는 모습인지 그들이 신기해하며 박수를 쳤다. 이어서 동행했던 대원들을 모두 소개한 뒤에 나도 소개하였다. 노래를 끝내고 나서 식사를 하려니 초청된 인원보다 너무 사람들이 많이 와서 곤란하다고 하더니, 다시 모두 먹으라 하였다. 우리 대원들 모두가 음식을 배불리 잘 먹었다. 음식은 다소 러시아화 된 모양이었다.

그날은 러시아 교인들이 많이 합류하여 함께 예배를 본 뒤에 어울렸는데, 여자들 미모가 모두 빼어났고 마음씨도 좋아 보였다. 아마 예수 믿는 사람들이기 때문이 아닐까 하는 생각이 들었다. 저녁식사 후 식곤증이 와서 숙소에 도착하자마자 곧 쓰러져 잠이 들었다.

한참 자다가 떠드는 소리에 잠을 깨었다. 새벽 2시인데도 아직 대원들은 잠을 자지 않고 공연할 연습 중이었다. 처음 공연이라 긴장이 되는 모양이다. 다시 잠을 청하였다. 눈을 떠보니 6시 5분이다. 세면과 화장실을 다녀와 아침예배에 참석하였다. 오늘 하루를 열어 주심을 감사하고 보람 있기를 기도드렸다.

아침 8시에는 일요일마다 열리는 시장에 가보았다. 사람들이 여러 가지 물건들을 가지고 와서 진열해 놓고 사주기를 기다리고 있었다. 물건들은 집에서 사용하지 않는 것들과 외국 수입 물건도 있었는데, 각양각색의 옷, 자동차 부품, 과자, 그릇, 신발, 모자, 털옷 등이었다. 함께 간 오 원장은 모피 모자를 위시하여 이것저것 많은 물건을 구입하였다. 1달러가 38숨 정도되니 달러 환율이 상당히 나가는 편이다. 도둑이 따라붙을까 신경이 잔뜩 쓰여서 호주머니를 꽉 쥐고 다녔다.

사람들은 나의 비디오카메라와 촬영하는 모습을 신기한 듯 바라보았다. 다시 택시를 타고 다른 시장도 가보았다. 거기는 과일 종류가 많았다. 큰 멜론을 3개나 샀다.

학교에 가보니 환자들이 많이 와서 기다리고 있었다. 50명 정도 진료하였다. 오후에는 시공관에서 우리 대원들이 연극을 공연하였다. 공연 전에 슬라이드로 한국의 발전된 모습을 고려인들에게 보여주었다. 연극은 홍부전이었고 권선징악이 주제였다. 동행한 목사는 앞으로 시간이 없으니 착한 일을 많이 하고 예수님 맞을 준비를 해야 한다고 설교하였다.

공연이 끝난 후 고려인 회장댁으로 초대받아 전 대원이 저녁 식사를 할 수 있었다. 음식은 한식으로 나왔고, 부인과 큰딸, 사위가 모두 의사라 했다. 그러나 이 나라에서 의사의 대우가 신통치 않다고 하였다.

회장댁 아파트는 방이 3개이고 우리나라 중류층 살림에 속해 보였다. 대원들은 식사를 해서 피곤한지 더러 졸고 있는 사람도 있었다. 모두 전세 버스를 타고 숙소로 돌아와서 예배를 보고, 그날 생일을 맞은 여대원에게 축하파티를 열어주었다. 이국땅에서 생일을 맞은 대원은 감격스러워했다. 오 원장이 구입해온 멜론과 땅콩 그리고 생일 케이크도 먹었다. 모두 덕담으로 축하해 주었다.

12월 26일

아침에 일어나 세면을 하고 예배를 드렸다. 오늘도 하나님 사업에 차질이 없게 해달라고 기도했다.

여기 와서는 하루 세 끼를 꼭꼭 찾아 먹고 있다. 먹는 양도 많아 내 배는 더 나온 것 같았다. 오늘은 이 지역 사람들에게 홍보하고서 처음 진료하는 날이어서 환자들이 많이 몰려올 것 같다.

다른 대원들은 학교 안에서 성경학교와 유년반을 운영하기 위해 여러 가지 학용품들을 준비하고 있었다. 진료소에 가서 보니 환자들이 벌써 기다리고 있었다. 환자 중에는 '뼈에 소금이 박혔다'는 말을 하는데, 아마 골관절염이 있는 모양이다. 또 '콩팥이 나쁘다'고 하고 '돌이 박혔다'고 하는데 이 나라의 물의 수질이 안 좋아서 요석이 신장 내에 생기지 않았나 생각되었다. 또 간이 나쁘고 기관지도 나쁘다고 하는데, 그것은 독한 술을 많이 마시고 찬 기후 때문이라 생각되었다. 고려인 교인이 통역을 해주어 의사소통은 그런대로 되나 의

학용어를 잘 몰라 소통이 잘 이루어지지 않는 때도 있었다.

숙소에서 점심식사를 하고 다시 진료하던 학교에 갔더니 사람들이 더 많이 와서 기다리고 있었다. 오후 5시가 지나도록 진료하였고 남은 약은 모두 정리해서 목사와 고려인 의사에게 주어 앞으로 요긴하게 사용하도록 하였다. 동행한 오 장로는 약 외에 스타킹, 초콜릿 등 여러 가지를 선물로 주고 있어 사람들이 좋아했다.

진료가 끝난 후 시공관으로 가서 집회를 했고 학교 교장선생 댁으로 저녁식사를 초대받아 갔다. 고려인으로 이 학교의 최고책임자로 일하고 있는 것이 자랑스러워 보였다. 교장선생 댁을 찾아가다가 길을 잘못 들어 한참 동안 고생하였다. 겨우 아파트를 찾아 들어가니 방이 3개 있는 중형 아파트였다. 이미 음식을 준비해 놓고 있었다. 우리가 온다고 음식을 고려식으로 많이 해 놓았다. 밥도 먹고 국수도 먹었다. 대원들 모두가 맛있게 잘 먹었다. 너무 늦어져 타시켄트벤 존 목사와 우리는 먼저 일어났다.

차를 타고서 타시켄트 행 도로에 들어가는데, 검문을 하고 있었다. 무슨 트집을 잡아 돈을 요구하는 때가 많이 있다 한다. 별문제 없이 검문소를 통과하게 되었고 차는 타시켄트로 속력을 내어 달려갔다. 시간이 부족해 타시켄트 시내 구경은 별로 하지 못하였다.

교통사고로 하반신마비가 된 환자가 있다 하여 밤늦게 찾아갔다. 집이 크고 잘 살고 있는데, '회복 중인 다리에 약간 힘이 주어지고 통증도 다소 느낀다'고 하였다. 가져간 약을 주고 차도가 있기를 빌었다. 내일 귀국 전에 목사 사모가 우리를 위해 도자기 선물을 구입하여 놓았다. 사정상 나는 다음날 귀국하나 남은 대원들은 주변 관광을 더 할 계획이었다.

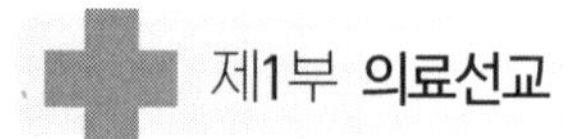

중국 의료선교(2001년 6월 3-8일)

6월 3일

아침 9시경 인천공항으로 와서 성락교회 진료팀과 합류하였다. 인천공항은 아주 크고 멋있다. 그 어느 나라의 공항보다 손색없이 시설이 훌륭하다는 생각이 들었다. 내가 타고 갈 중국 북방항공사의 업무를 대한항공에서 대행하고 있었고, 소형 비행기에 탑승하였다. 기내에서 괜찮은 점심식사를 하고 나니 이윽고 장춘공항에 도착하였다. 국내선 쪽으로 이동하여 대기하였는데 국내선 건물이 더 잘 지어졌고 공항 매점에는 중국상품들이 진열되어 있었는데 물건들이 상당히 고급스러워 보였다.

드디어 도착한 연변공항은 새로 지은 건물이었고 공항 앞에는 큰 광고 간판들이 들어서 있는데 중국 여느 공항과 같은 모습이다. 공항 앞에서 대기하고 있던 버스를 타고 용정으로 가게 되었고, 성락교회에서 파송한 목사, 장로와 인사를 나누었다. 숙소로 예약한 빈관(여관)은 좀 오래되긴 했으나 그런대로 괜찮아 보였다. 빈관 식당에서 저녁식사를 했는데, 여러 가지 반찬 중, 김치도 두 가지나 나왔다.

식사를 마치고 용정에서 가장 크고 거의 유일한 기독교회를 방문하고 저녁예배에 참석했는데, 찬양예배 때 전 교인이 아주 열심히 찬송가를 부르는 모습이 인상적이었다.

이 교회는 한국의 소망교회에서 지원하여 매우 크고 멋있게 건축했다는데, 내부가 넓고 여유가 있었다. 교인 수는 2천여 명 정도 된다고 했다. 이 중국 땅에서 하나님을 찬양하고 경배할 수 있음을 보니 감회가 색달랐다. 걸어서 빈관으로 돌아와 TV를 시청하니 채널이 많고 가끔 화면에 우리 한국말도 함께 더빙되어 나왔다. 옆의 박 장로가 코를 좀 골고 자고 있는 모습이 오늘 하루 일정이 피곤했던 모양이다. 카세트 이어폰을 귀에 꽂고 듣다 잠이 들었다가 10시 반에 아들들 유학 때문에 미국에 가 있는 처에게 전화를 걸었으나 연결이 안 되었다. 새벽 5시 지나 잠을 깼으니 6시간은 잔 셈이다.

6월 4일

화장실의 물이 약하게 나왔다. 대변을 보고 겨우 뒤처리를 하고 나자 이후에는 물이 잘 나왔다.

6시경 TV를 켰더니 벌써 여러 채널의 방송이 나오고 있었다. 6시 40분에 총무 집사방에서 예배를 드린다고 해서 갔더니, 이미 모두 모여서 찬송가를 부르고 있었다. 파송된 목사의 인도로 아침 예배를 드리고 우리의 마음을 다시 한번 다 잡았다. 아침 식사도 빈관식당에서 했는데 뷔페식으로 비교적 간단하게 차려 놓았다. 일행이 가져온 장아찌도 같이 먹었다.

아침밥을 먹고 나서 8시경 북흥리와 삼합리로 진료 출발을 하였다. 길이 나빠서 빨리 서둘렀다. 전세 버스는 용정 시가지를 지나 변두리로 나갔다. 길은 비포장이었고 지난해 수해로 다리가 끊어지고 도로가 유실된 곳도 있다고 했고 미처 다 복구하지 못하고 있었다. 흙먼지를 일으키며 버스가 달리는 길옆에는 중국 특유의 빨간 벽돌집들이 눈에 띄었다. 매우 큰 집도 보였고, 조선족 집은 기와를 한국식으로 올린 것이 특이하게 보였다. 모심기를 막 끝낸 논에는 물이 차 있었다. 이곳도 비교적 가물었지만, 최근에 비가 좀 와서 그런대로 모심기는 한 모양이다. 한국은 경기도 일원에 아직 모심기도 못 했다고 하는데 걱정이 되었다.

비포장도로를 달리는 차 속에서 몸이 전후좌우로 막 요동쳤는데, 다행히 차의 쿠션이 좋아 엉덩이가 아프지는 않았다. 2시간여를 달려서 길가에 있는 교회 건물 앞에 차가 멈췄다. 이곳이 북흥리이고 우리나라의 시골교회처럼 목사는 없고 전도사만 있다고 하였다. 교회 안에는 진료를 받으러 온 사람들로 가득 차 있었다. 안으로 들어서니 사람들 몸에 밴 퀴퀴한 냄새가 확 코에 들이닥쳤다. 이 냄새는 아마 그들이 요리할 때에 쓰는 콩기름 때문이 아닌가 생각이 되었는데, 중국인들 집에 들어가면 맡을 수 있는 나는 특유의 냄새이다. 다들 얼굴이 까맣게 탄 모습이다. 주로 농사일을 집 밖에서 하다 보니 그런 모양이다. 진료 준비를 위해 책상과 의자를 모으고 약병과 약제기, 청진기 등을 올려놓았다. 환자가 100여 명은 더 되어 보였다. 그중에는 겨우 걸음마를 하는 아기도 있었다. 진찰받은 여자가 이 아기의 엄마인데 그 친정어머니가 하는 이야기가, 자식이 없어서 얻어 키운 아이인데 원래 정신박약아였다고 했다. 얼굴 모습은 그런대로 생겼는데, 사위가 함께 살다가 자식까지 생겼는데도 어디로 떠나버렸다 하였다. 그 충격으로 정신이상이 더 심해졌고 혼자 중얼거리고 사람을 잘 상대하지 않는다고 했다. 앞으로 정신과 진찰이 필요함을 설명하였고 기본약을 처방해 주었다.

접수된 환자가 끊임없이 들어 왔다. 평소 진료하던 때보다 훨씬 더 힘들었다. 오전에 본 환자만 70명 정도 되었다. 이곳에는 의료혜택 받기가 참 힘든 것 같았다. 약을 많이 주지 못해 마음이 무거웠다. 옆의 박 선생이 맡은 소아과 환자도 상당히 많았고 계속 밀려들어오고 있었다. 치과도 바쁘긴 마찬가지이었다. 치과선생과 두 사람이 보조해주고 있었다. 한방도 환자가 많았고 조 원장과 그 부인이 함께 환자를 봐야 했다. 미용 봉사하는 고 집사의 수고도 많았다. 이번에는 나도 머리를 좀 깎을 생각이다. 혼자 너무 힘들게 일하고 있다.

오전 진료가 오후 1시 반이 되어 끝났다. 교회 앞집에 점심식사가 준비되어 있다고 해, 갔더니 음식을 잘 차려 놓았다. 우리를 대접하느라 교인들이 떡을 치고 맛있게 만들어 내놓았다. 닭도 잡고 오리알도

삶아 놓았다. 우리를 대접하기 위해 참 힘들게 여러 가지 준비를 많이 하였다. 덕분에 맛있고 배부르게 잘 먹었다. 감사한 마음이 들었다.

점심 식사 후 북한 회령을 구경 가기로 하였다. 두만강이 바로 건너편이었고 강폭은 별로 넓지 않았다. 강물도 회색빛이고 수량도 많지 않았다. 삼합리에 가서는 차가 산 위로 올라갔다. 전망대에서 바라보니 회령 시가지가 한눈에 전개되었다. 두만강이 그 지류와 합치는 곳에 생긴 국경도시이다. 이곳에는 김일성의 어머니 김정숙의 기념공원이 있는데, 김정숙이 일제 시절에 이곳을 넘나들었다고 한다.

이 회령에는 정치범 수용소도 있는데 전번에 이곳을 탈출해서 중국으로 넘어와 한국에 귀순했던 국군포로 조창호 중위도 여기 회령 감옥에 있었다고 하였다. 회령은 광산도 있고 죄수들을 강제노동시키고 있다고 한다. 망강루에서 쌍안경으로 바라보니 북한 쪽에 차도 다니고 사람들이 걸어서 다니고 있었다. 도로 위에 붉은 글씨로 쓴 '당이 결심하면 우리는 한다'라는 현수막이 보였다. 큰 공장이 다수 보이는데 굴뚝에서 연기가 나지는 않았다. 모내기하러 왔는지 단체로 차를 타고 사람들이 내린다. 다시 차를 타고 오다 삼합리에서 내려 예배를 보러 갔다. 가정집을 예배소로 꾸며 놓았는데 이제 예배당을 지을 계획이란다. 한국 돈으로 400만 원이 소요된다 했다. 나도 소액이라도 보태줄 생각이었다. 다시 차를 타고 북흥리 교회로 오니 그곳에 또 다른 사람들이 기다리고 있었다.

다소 피곤해졌다. 그러나 나머지 사람들도 정성껏 봐주었다(사진).

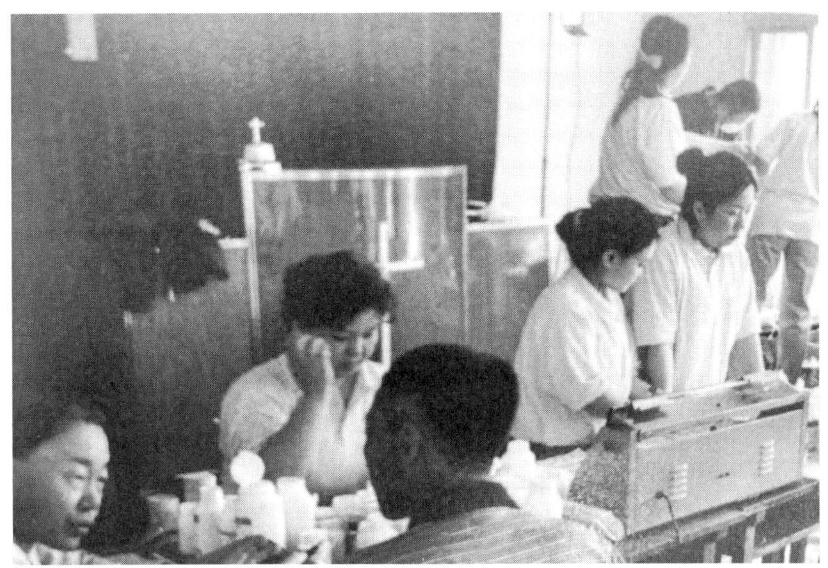

▲ 중국 의료선교 봉사 중

건강에 대한 질문도 활발하였다. 모두 100명은 진료해준 것 같다. 미용 봉사를 한 고 집사는 마지막 남은 한 명의 머리를 깎아 주지 못하고 떠나게 되어 아쉬워했다. 동네 이발청에 맡길 수밖에 없었다. 버스를 타고 용문으로 되돌아오는데, 갈 때보다도 더 길이 나빠 시간이 더 걸리는 것 같았고 지루하였다. 길이 나쁜 데서는 차의 에어컨도 가동이 잘 안 되었다. 1시간 반이 걸려서 용정 시내로 돌아올 수 있었다.

저녁은 먹자거리에서 결국 비빔밥을 먹게 되었다. 물김치가 달콤하고 맛있어 두 그릇이나 먹었다. 밥은 조금 남겼다. 배가 부르고 빈관에 도착하여 샤워를 하고 나니 몸이 시원해졌다. 미국에 전화하기 위해 전화카드를 받아 식당에서 전화를 걸어도 연결이 잘 안 되었다. 직원의 협조를 받아 전화하니 아내가 다소 놀란 듯 받았다.

6월 5일

새벽에 소변이 마려워 일어난 후 잠이 깊이 들지 않았다. 8호실에 모여 아침예배를 보았다. 아침식사는 역시 뷔페식으로 먹고 조양현으로 진료를 가는데, 전세버스가 잘 뚫린 고속도로를 달려 나갔다. 산비탈에는 과수나무가 들어서 있다. 사과와 배를 교잡해서 만든 사과 배나무가 많았는데, 열매는 작아 잘 보이지 않았다. 연길 시가를 지나는데 큰 고층건물들이 상당히 많고 시가지도 꽤 번화하였다. 1993년에 왔을 때보다 더 발전된 것 같다. 연변 자치구의 수도답게 보인다. 진료하려 도착한 교회는 낡은 건물로 예배당에는 많은 사람들이 모여서 찬송가를 부르고 있었다. 대부분이 나이든 여자들이다. 가끔 젊은 사람도 보인다.

진료대를 설치하고 약 지을 준비를 마쳤다. 신자들에게 우리를 소개하였다. 진료를 시작하였는데 계속 환자들이 들어온다. 대부분 허리와 무릎이 아프고 혈압 높은 사람들이 많았다. 뇌졸중까지 생긴 사람들도 있었다. 교회 가득 사람들이 들어차 있다. 한국에서 무료진료를 다닐 때보다 몇 배 더 환자가 많다. 오전에 내가 본 환자 수가 80명은 됨직하다. 점심은 교회 끝의 방에서 푸짐하게 잘 먹었다. 잉어 끓인 것, 인조고기 튀긴 것 등도 많았고 수박, 참외, 멜론도 있었다.

오후 진료도 역시 환자가 많았다. 미용 봉사하는 집사는 잠깐 쉬었다가 계속 일을 하고 있었다. 소변이 마려워 화장실을 찾았더니 역시 그 희한한 중국식 화장실이다. 격벽은 세워져 있으나 앞에 문이 없고 지붕도 없다. 진료한 환자는 모두 120명은 된 것 같았다. 저녁 식사는 용정교회에서 차려주어 잘 먹었다. 식사 후 걸어서 돌아오는데 야시장과 광장에서 춤추는 사람들을 보았다. 한족의 춤이었다. 시장통에 가니 여러 가지 희안한 것들이 보인다. 특히 뱀을 요리해서 먹게 하는 것이 눈에 띄었다. 오디오테이프를 하나 샀다. 다소 피곤한 몸으로 숙소로 돌아왔다.

6월 6일

새벽 3시 반인데 벌써 동녘이 훤하게 밝아 온다. 북극이 가까울수록 백야가 더 길어지는 모양이다. 새벽에 잠을 깨면 다시 눈을 붙이는 것이 쉽지 않다. 아침 예배 때에는 내가 기도를 했다. 오늘도 성심껏 진료할 수 있기를 기도했다.

아침 식사는 어제와 같이 뷔페식이다. 멀건 쌀 끓인 죽물을 보니 지난 1993년도에 심양에 처음 진료 가서 아침 먹을 때 처음 본 쌀죽물 생각이 났다. 옛날 중국 사람들이 쌀이 모자라서 죽을 쑤어 먹었다 하는데, 그래서 생긴 음식인지 아니면 술 많이 먹은 사람들이 아침에 속 풀어지라고 내놓는 건지 모르겠다. 교회를 지름길로 가려고 개천 옆길을 따라가는데 냄새가 역겨워서 좋지 않았다.

멀리 용정교회가 보였다. 이 교회 목사는 조선족이고 한국에서 신학교를 나오고 목회연수를 받고 와서 목회를 잘하고 있다고 한다.

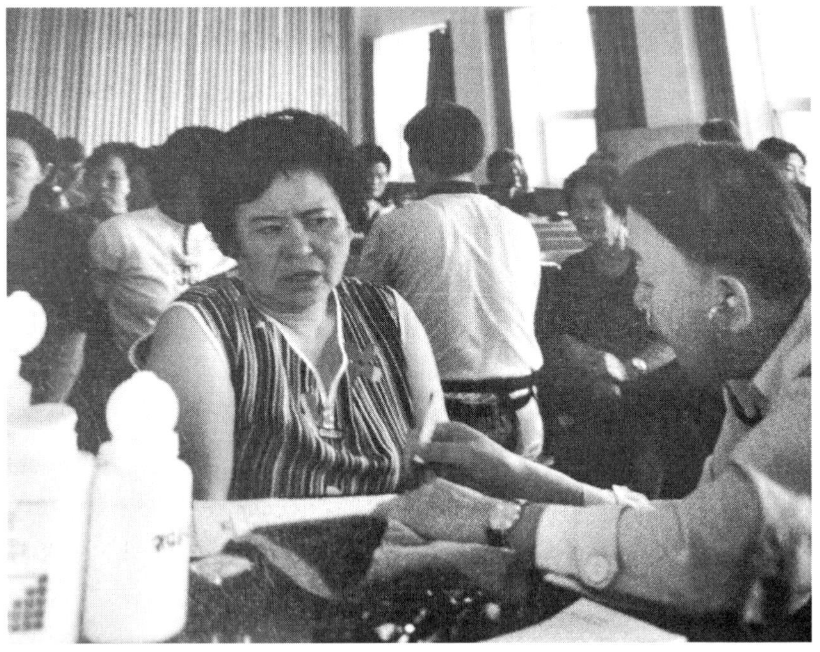

▲ 중국 의료선교 봉사 중

키가 크고 풍채가 좋아 보였다. 4층에서 양방과 치과진료를 하는데, 9시 전인데도 벌써 사람들이 많이 모여 있었다(사진).

대부분 나이든 여자들이고 역시 허리, 무릎 아픈 이들이 많았고 그중에는 뇌졸중으로 반신마비가 왔거나 회복 중인 사람도 있었다.

한국의 어느 의사는 중국인들이 기름진 음식을 많이 먹는데도 뇌졸중이 생각보다 적게 생긴다고 하였는데, 그 이유로 양파를 많이 먹어 기름기의 독을 중화시켜 준다고 하는데, 중국의 정확한 뇌졸중 환자 수는 모르겠으나 그 말이 맞아 보이기도 하였다. 광고를 하지 않아서인지 평소보다 환자가 많지는 않은 편이다. 오후 점심도 교회에서 제공하였는데 간단히 먹었고 오후 진료에는 환자가 많지는 않았다. 수요 예배에 참석했는데 교인들이 많이 와서 찬양을 불렀고, 젊은 전도사가 설교를 했는데 상당히 열정적이었다. 호텔에 오니 나의 코 고는 소리에 힘들어하던 박 선생이 다른 방으로 가고, 함께 봉사 왔던 학생이 대신 들어 왔다. 이 학생은 한번 잠을 자면 계속 잠을 잘 자서 내 코 고는 소리에 문제가 없었다.

6월 7일

아침에 모여서 찬양하고 말씀 듣고 우리의 각오를 새롭게 하였다. 예배 때에 오늘도 진료가 있다며 광고를 했더니 환자들이 어제보다도 좀 더 많이 왔다. 어제 내가 본 환자만 80명 정도 되었고 오늘은 100명 정도 될 것 같다. 옆의 박 선생도 쉴 사이 없이 환자를 보고 있다. 황달 생긴 생후 4개월 되는 아기와 그 부모가 왔다. 안타까운 생각이 들었다. 선천성 담도폐쇄증으로 생각이 되었는데 빨리 수술해서 해결해 주어야 할 질환이다. 이 중국 땅에서는 북경의 큰 병원에서나 수술이 가능하리라 생각되었는데, 그 부모가 공안청에 근무한다니 어떻게 손을 써야 할 것이었다.

오전 진료를 비교적 쉽게 끝내고 교회에서 차려 놓은 음식을 식당에서 먹었다. 오후 마지막 진료는 늦게 오는 환자까지 접수를 받아서 진료하였다. 탈북한 여자 한 사람이 있었는데 젊은 여자로 중국인처럼 번듯하게 차려입고 있었다. 돈을 벌면 집으로 돌아갈 예정이라 했다.

가져온 약들이 하나씩 바닥이 드러나고 있었다. 필요한 약이 없어 다른 것으로 대치할 수밖에 없었는데, 이제 대치할 약도 없어졌다.

마지막 환자를 다 보고 나니 5시가 지났다. 주위를 정돈하고 진료를 다 끝내니 마음이 다소 가벼워진다. 그런대로 많은 환자들을 봐주었고 약도 비교적 여러 날 투여했는데도, 내가 조금 준 약 때문에 다소 병이 좋아질 수도 있겠지만 계속적으로 복약을 못 하는 경우, 환자들에게 결국 도움이 못 되지 않을까 걱정도 되었다. 너무 심한 병들은 내가 준 약 조금 먹고 완치가 되지는 않을 것이고 병원에 가지 못한다면, 이런 단기 진료가 제한점이 많다는 것을 다시 느끼게 하였다. 그러나 단기간이나마 여러 사람들에게 병에 대한 관심을 갖게 하고 그들의 병치료에 다소라도 도움이 될 수 있으면 나름 다행이 아니겠는가 하는 생각도 들었다. 저녁 식사도 용정교회 식당에서 했다. 밖에 나가서 사 먹는 돈으로 교회에서 음식을 만들어 먹게 되었다. 음식 만드느라 수고하신 집사들이 고맙게 생각되었다.

하늘에 구름이 끼고 큰 빗방울이 떨어지고 있었다. 비가 좀 올 모양인데 한국에는 아직도 비가 오지 않아 가뭄이 계속되고 있는지 궁금하였다. 야시장에 가서 쇼핑을 하자는데, 어제 이미 갔었고 몸도 피곤하여 호텔에 와서 샤워하고 그저 쉬었다.

6월 8일

머물고 있던 방을 다른 곳으로 옮기려 짐을 꾸리고 새 방으로 갔더니 지난번 방보다 좀 나은 편이나 대신 에어컨은 없어서 대신 대형 선풍기를 사용할 수 있었다.

새벽 5시에 일어나서 전세버스를 타고 백두산 탐방에 나섰다. 1993년도에 심양에 진료왔을 때는 기차를 타고 장춘을 거쳐 안도까지 와서 소형차를 대절하여 백두산으로 갔던 기억이 났다. 차는 계속 달리고 가끔 빗방울이 떨어졌다. 연길시를 지나서 계속 나아갔다. 가다가 차가 휴식을 위하여 멈춘 곳에는 조그만 물건들을 갖다 놓고 팔고 있었다. 백두산 그림이 든 손수건, 버섯, 장뇌삼, 목구슬 등이다. 다시 차를 타고 가다가 9시경에 이도백하에 도착하였다. 강원도 조선족 음식점이라는 곳에 차를 세우고 아침 겸 점심식사를 하게 되었다.

이 집 주인은 강원도 양구 사람이라고 하는데 말씨가 조선족들보다는 듣기에 좀 부드러웠다. 버섯을 볶아 만든 것 두 가지, 토장국,

쌀죽물, 두부조림, 깻잎, 열무 등 한국음식들이어서 반가웠다.

연변에 와서는 먹는 것엔 별로 지장이 없다. 거의 항상 한국 음식을 먹고 있다. 가게 간판도 한글을 병기하고 있어 갑갑하지도 않으니 한국의 어느 소도시에 와 있는 기분이다. 식사를 푸짐하게 하고 지프차를 세내어 이곳에서 백두산 꼭대기까지 올라가기로 했다. 한참 달려가니 장백산 입구 건물이 보인다. 여기서 입장권을 사서 검표원한테 보이니 외국인이라고 표값을 더 요구한다. 중국은 외국인에게 대해서는 차별해서 더 돈을 받아 낸다. 어디든지 그렇고 공공요금까지 돈을 더 받는다. 국가가 나서서 이러니 외국인들에게 좋은 인상을 주지 못할 것 같은데 전혀 신경 쓰지 않는 것 같았다.

우리 일행을 실은 차는 백두산을 오르기 시작하는데, 점점 나무의 키가 낮아지고 나중에는 풀 종류만 남아 있었다. 땅바닥에는 작은 꽃들이 피어서 쫙 깔려 있었다. 빨강 조그마한 꽃과 노랑의 좀 큰 꽃들이다. 천지 바로 밑에서 꾸불꾸불 가파르게 올라오던 길은 끝나고 차를 내리게 되었다. 안개가 자욱하여 앞이 잘 보이지 않는다. 바람이 세게 불기 시작하고, 힘들게 천지의 봉우리를 올랐다. 그러나 천지는 안개 속에 보이지도 않는다. 바람이 세게 흙가루를 몰아와 눈이 따갑다. 그중에서도 일행은 모여서 사진을 여러 장 찍고 있다. 계속 안개는 끼고 바람이 약간 약해졌으나 완전히 개일 것 같지는 않았다. 호수 끝만 약간 보이기도 한다.

그대로 더 못 있고 산봉우리 아래로 내려오게 되었다. 기다리고 있던 지프차를 타고 내려오다가 들꽃이 예쁘게 핀 곳에서 차를 멈추고 사진을 찍었다. 들꽃을 꺾어 가져오려다 그만두고 다시 내려오다가 전망대에 올라 장백폭포의 멋진 모습을 구경하게 되었다. 또 사진을 찍었다.

산을 내려와 장백폭포 쪽으로 가 보기로 하였다. 폭포 밑까지 가려는데 20원의 입장료를 받는다. 빗방울이 떨어지고 걷기도 힘들어 나는 그만둘까 하는데 다른 사람들도 올라갈 생각이 없는지 되돌아간다. 뜨거운 온천물에 계란을 담가 쪄서 돈을 받고 파는데 잘 익은 것이 맛이 있었다. 댕댕이 즙물을 팔고 있는데 사 먹으니 그 맛이 독특한데 다소 알코올 성분이 들어 있는 것 같았다. 다시 차를 타고 이도백하로 되돌아갔다.

식사할 강원도집 앞에 우리가 타고 온 버스가 기다리고 있었다. 다시 식사를 시켜 먹었는데 아침때보다는 간단하게 먹고서 이도백하를 떠났다. 차는 왕복 1차선 포장된 도로를 따라 잘 달리고 있다. 주변의 경관이 다가왔다가 사라진다. 밭고랑의 길이가 꽤나 길고 넓은 땅 전체를 모두 경작하고 있었다. 규모가 크고 한국보다 더 대규모로 농사를 짓고 있음을 볼 수 있었다. 이 만주 땅에서 생산되는 농산물이 중국 전체에서 차지하는 비중이 큰 모양이다. 과거 어머니께서 어떤 이가 만주를 갔다 와서 그 땅이 대단히 넓다고 이야기하신 말씀을 들었는데 그 말이 정말로 여겨졌다.

중간에 비가 오고 천둥과 번개가 치고 있었다. 산속 길에 안개가 끼어 앞이 흐렸다. 기사가 잘 운전하고 있는 것 같으나 걱정이 되었다. 도시가 보이고 큰 건물도 보이는데 간판에 '안도'라고 적혀 있다. 지금 본 안도도 이전보다 크게 달라 보인다. 차는 계속 달리고 길은 시골집들 사이로 계속되고 있다. 4시간을 더 달려 돈화에 도착하였다. 연변 조선족자치주의 마지막 도시이고 간판에는 용정이나 연변과 달리 한글이 조그마한 글씨로 쓰여져 있었다.

비가 오는 돈화의 빈관에 들게 되었는데 3사람이 한방에 들게 되었고 나는 박 선생, 치과 이 선생과 같은 방을 쓰게 되었다. 밤 9시가 넘었지만 저녁식사를 하기 위해서 밖으로 음식 파는 데를 알아보러 나갔다. 빈관 옆길로 들어서니 불이 밝게 켜진 음식점들이 많았다. 중국 식당에서 수타국수와 교자(만두)를 시켜서 먹는데, 나는 배가 불러 만두만 먹겠다 했는데, 한참 후에 가져온 만두를 먹어 보니 너무 짰다. 겨우 몇 개 먹고 더 이상 못 먹고 다음 날 아침에 반찬 겸 먹을 생각으로 남겼다. 다른 사람들은 국수를 한 그릇씩 다 먹고는 배가 부르다고 하였다.

빈관에 돌아와 다른 두 사람은 샤워를 하고 나는 얼굴과 손발만 씻고 잠을 청했다. 밤중에 소변이 마려워 한번 깼고 다시 잠이 들었는데 새벽에 눈을 떠서 보니 내가 또 코를 골아 두 사람이 잠을 설쳤다는 것이다. 대단히 미안한 생각이 들었다. 내일은 다시 코 골지 않고 힘들지 않게 해줘야겠다는 생각이 들었다.

6월 9일

아침식사를 하러 가야 하는데 치과 이 선생이 밖에 나가서는 아직 돌아오지 않고 있다. 식당에서 식사하자고 연락이 와서 문을 잠그고 식당에 갔더니 이 선생이 이미 와 있었다. 식사는 용정의 빈관보다는 못해 보이는데 반찬이 너무나 짰다. 종업원들이 전부 중국말만 사용하기 때문에 말이 전혀 안 통하여 아주 불편했다. 쌀죽물과 어제 남겨 놓은 만두를 먹었다. 콩나물이 오래간만에 나와 반갑게 먹었다.

아침 식사 후 다시 버스를 타고 장춘으로 향해 달렸다. 아침에 돈화시장에 가서 여러 가지 물건을 구입했는데, 그중에 기름에 튀긴 꽈배기는 여러 개를 사서 나누어 먹었는데 먹은 사람 중 여럿이 배가 아프고 설사를 하게 되어 가다가 차를 세우고 도로변 화장실에서 용변을 보게 되었다. 다시 이 중국의 독특한 화장실을 실감 나게 해주었다. 우리 일행 중 3사람이 엉덩이를 까 내리고는 같이 앉아서 볼일을 봐야 했다. 중국에서는 이렇게 생활하다 보니 서로 친해지고 화장실 동무란 말까지 생긴 모양이다. 너무 급해 여자 쪽 화장실에도 남자들이 들어가 앉아 있다. 겨우 일들을 끝내자 차가 다시 달린다. 그러나 잠깐 가다가 화장실 간다고 또 차를 세운다. 화장실 앞에 차를 세웠는데 그 냄새가 역겹다. 중국 와서 모든 냄새를 다 맡고 간다. 중국 음식도 모조리 먹어 보고, 모든 중국의 것들을 보고 간다. 차는 고속도로로 들어간다.

길은 왕복 2차선으로 잘 뚫렸고 시원하게 잘 달려나간다. 너무 졸려 잠을 자다 깨다 하니 벌써 장춘이란다. 도시가 더 크고 새 건물이 많이 들어서고 있었다. 이곳 장춘은 일제가 세운 만주국의 수도였고 일본이 그 당시 도시계획을 크게 하여 놓았다. 아주 높은 건물에는 백화점, 아파트, 음식점들의 간판을 달고 있었다. 그러나 다른 한편에는 낡고 지저분한 집들도 많이 보였다. 계속 옛날 집을 철거하고 새 건물들을 짓고 있다고 하였다. 문화궁 앞에서 중국 의사를 한 사람 태워 우리를, 예약한 빈관으로 안내해 주게 하였다. 빈관은 5층이었고 엘리베이터가 없어 짐을 들고 계단을 올라가야 할 판이었다.

조금 전의 그 중국 의사가 짐을 들어 주었다. 장춘 시립병원에 근무한다고 하였다. 부친은 중국인이고 모친이 조선족인데 모친이 기독교로 신앙심이 깊었고 돌아가실 때 성경을 주면서 예수님을 열심히 믿으라 하였다고 한다. 현재 이 장춘에도 교회가 많고 교인 수가 만 명이 되는 교회도 있다고 하였다. 가정교회도 수백 개 된다고 한다. 짐을 내려놓고 쉬고 있으니 점심식사를 가자고 하였다. 택시를 잡아타고 큰 음식점으로 우리를 데려갔는데, 구육(개고기)을 전문으로 하는 조선족 음식점이었다. 개고기 냄새가 입구에서부터 나는데 한복을 입은 여종업원들이 친절하게 인사하며 우리 일행을 맞아주었다. 모두 젊고 예쁘게 생긴 조선족 여자들이다. 큰 방에 들어가 에어컨을 틀어 놓고 개고기 먹는 사람들과 못 먹는 사람들이 나누

▲ 중국 장춘의 가정교회에서

어 자리를 잡고서 음식을 시켜서 먹었다. 나는 냉면을 시켰는데 냉면 국물맛이 달콤시큼해서 상당히 맛있었다. 개고기 먹는 사람들은 푸짐하게 수육, 조림, 부침 등을 잘 받아먹었다. 개고기 못 먹는 사람들은 비위가 상한다고 나가서 다른 방에서 먹겠다고 하였다. 내가 말려서 그대로 같은 방에서 먹긴 하는데 그쪽으로 눈길을 안 돌린다.

식사를 끝내고 남자들은 가정교회를 방문하기로 하고, 택시를 타고 이 중국인 의사의 형이 맡고 있다는 가정교회로 갔다(사진).

오래된 아파트 내의 개인 집을 꾸며서 예배를 볼 수 있게 해 놓았다. 중국 당국에 허가도 받았단다. 이런 가정교회가 장춘에만 300개나 된다고 했다. 한국의 교회가 이런 교회들을 많이 지원해 주어야 한다고 생각이 되었다. 간단한 기도와 서로의 의견을 말하였고 우리는 이 가정교회가 앞으로 더욱 발전되기를 기도하였다.

택시를 타고 다시 빈관으로 돌아왔다. 백화점에서 쇼핑을 하고 싶다고 했더니 한참 걸어서 큰 백화점이 있는 곳으로 안내해 주었다. 백화점은 최근에 지은 건물로 한국의 백화점과 똑같이 생겼다. 1층에는 화장품부가 있었는데 한국의 화장품 파는 데와 거의 비슷하게 꾸며 놓았다. 화장품도 외국 브랜드를 달고 있는 것들도 많았고 가격도 상당히 비쌌다. 한국 가격과 큰 차이가 없다고 하였다. 2층은 의류를 갖다 놓았는데 그 가격이 대부분 상당히 비싼 것들이 한국 가격과도 같다고 했다. 그 외 전자제품, 오락기 등을 많이 가져다 놓았다. 모두 다 가격이 비쌌다. 성큼 살 엄두가 나지 않는데, 중국 사람들이 이 백화점에서 물건을 사려면 수입이 아주 좋은 사람들만 가능할 것으로 보였다. 옆의 백화점은 더 오래된 건물인데 역시 물건가격이 상당히 비쌌다. 나는 의약품 판매부서 무좀약을 하나 샀다. 말이 잘 안 통해 그림을 그려서 겨우 구입했다. 종업원이 영어는 전혀 못 하며 조선족의 도움이 없으면 전혀 한국말을 알아듣지 못하였다.

우리 일행이 맥도날드에서 음식을 구입하려 했으나 너무 사람들이 많고 복잡하였다. 건너 프라이데이에서 음식을 시켜 먹었는데 미국이나 한국과 똑같이 음식을 만들어 주었다. 한 사람당 3원씩 먹은 셈이다. 다시 걸어서 빈관으로 돌아왔다.

오늘이 중국에서의 마지막 밤이다. 빈관의 샤워기는 물이 잘 안 나오고 찬물은 샤워 꼭지에서도 잘 나오지 않아 할 수 없이 아래쪽으로 틀어 놓고 씻을 수밖에 없었다. 몸을 씻고 난 후 쉬고 있는데 옆방에서 이번 진료하면서 비디오로 찍은 것을 틀어 보니 오라고 하였다. 가서 보니 나도 여러 번 찍혀 나온다. 8mm 캠코더 최신형이 그 선명도가 우리 집의 오래된 캠코더보다 더 나은 것 같지는 않았다. 화면이 어떤 때는 어둡고 찍는 사람이 너무 빨리 돌려서 어지러웠다. 마지막 밤을 늦게까지 기억나는 대로 일기를 썼다. 내일 한국으로 무사히 돌아갈 수 있기를 비는 마음이다.

조선족

조선족은 중국에 거주하는 한민족 혈통을 가진 중국 국적 주민으로서 여러 역사적 원인에 의해 한반도에서 중국으로 이주하게 되었다. 한반도에서 자유롭지 못한 생활환경에서 벗어나기 위해 그 선조들은 중국 대륙으로 이동하게 되었다.

조선족 이주역사

- 1870년 만주 거주 조선족은 7만7천 명에 달했고 1900년에는 22만 명으로 증가되었다.
- 1953년 중국 인구조사에서는 112만 명, 2007년에는 276만 명이었다.
- 그들의 거주지는 주로 동북 3성(길림성, 흑룡강성, 요녕성)이고, 중국의 소수민족 자치권 인정으로 연변 조선족 자치주의 지위를 부여받았다.
- 1982년 중국 정부가 조선족의 한국 방문을 허용하였다.
- 1988년 서울올림픽 이후로 고향방문, 노동이주, 유학 등의 목적으로 한국으로 대거 이동하게 되었다.

조선족에 대한 지원과 선교 전망

- 우리는 택함을 입은 자로 자기 민족 역사와 시대를 연구해야 할 것이다.
- 역사는 미래를 향해 나아가며 닥쳐오는 시련을 이겨나가는 소수의 사람들에 의해 창조되는 것이 엄연한 사실이다.
- 이스라엘 민족이 가나안으로 이동한 역사는 참 신이 누구인지를 알게 하는 역사적 이주였고 영적인 대이동이었다.
- 평화와 통일이 절실한 한반도에서 우리가 주님으로부터 택함과 부르심의 사명 받음을 자각하고 영적 지도자가 되어야 하겠다.
- 우리 믿음의 형제들이 조선족에게도 도움의 손길을 뻗어 경제적, 물질적 지원뿐 아니라 영적 지원도 병행해야 한다.

▲ 중국 내 조선족 진료소 앞에서 조선족 의사들과 함께

- 영동교회가 1993년 중국 심양에서 초기 진료를 시작하였고(사진),
- 2001년에는 성락교회가 중국 연변 지역에서 진료를 했다.
- 2002년에 선애장학의료봉사단이 조선족을 대상으로 장학사업과

무료진료 활동(사진)을 시작하게 되었다.

▲ 조선족 상대 의료봉사 활동 중

▲ 성애재단 중국 의료봉사단

필리핀 의료봉사(2001년 12월 20-24일)

12월 20일

2001년의 필리핀 SDA의료봉사는 12월 20일에 출발해서 22일까지 진료하고 24일에 귀국하기로 한 일정이었다.

봉사대 학생들은 이미 12월 14일에 출발하였다. 출발 하루 전날, 필요한 옷가지와 물건들을 여행 가방에 넣어 두었다. 새벽에 일어나서 아침 6시 반까지 인천공항에 도착해야 했다.

새벽에 알람시계 소리에 깨어 급하게 세수하고 옷을 갈아입었다. 냉장고 안에 있던 감을 한 개 꺼내 먹고 집을 나서니 5시 10분경이었다. 집 앞에서 일반 버스로 강남역 쪽으로 가려다 논현역 부근에서 인천공항으로 바로 가는 리무진 버스를 탈 수 있었다. 차 요금은 5,500원에 약 50분이 걸려 잘 뚫린 인천행 고속도로를 달려 나를 인천공항에 내려놓았다.

H구역으로 가 보니 기다리는 사람들이 보이지 않았고, 7시까지 기다려도 오는 사람이 없어, 뒤쪽으로 가 보니 젊은 사람들이 많이 모여 있었는데, 필리핀으로 가는 사람들이라 하였다. 나는 영어학원 교회 일행을 만나야 했다. 뒤편에 어떤 여자가 전화를 하다가 나를

보더니 '이종화 선생님이시냐'고 물어본다. 내가 찾던 여행사 송 선생이었다. 비행기표를 건네받고 D구역 쪽으로 와서 여행백을 부치고 공항이용권을 사서 출국장으로 들어갔다. 바로 탑승이 시작되었다.

나는 일본어 선교사와 함께 자리를 잡았는데 ,일본 삼육학교를 졸업하고 삼육 영어학원에서 일어를 교육 중이란다. 여자가 순해 보이고 아주 단정한 모습이다. 여러 가지 이야기를 하다가 기내식사를 하게 되었다.

나는 오믈렛을 시켜 먹었고 졸려서 바로 잠을 자게 되었다. 3시간 30분 만에 마닐라공항에 도착하였다. 곳곳에 구름이 떠 있었고 바다 쪽 공항에 내리게 되었다. 공항은 상당히 크고 잘 지어져 있었다. 우리 일행의 짐이 문제가 되어 다 뜯어 보고 가져간 물건에 대한 세금을 내라고 하였다. 잘 설명하여 겨우 짐을 찾아 나오게 되었다. 공항 밖에는 12월이지만 뜨거운 열대의 햇살이 내리비치고 있었다.

12월 20일이면 한국은 한겨울인데 여기는 한국의 초여름 날씨이다. 지푸니가 여러 대 짐과 사람을 실어 나르고 있다. 미군 지프를 개조하여 만든 필리핀 특유의 차이다. 큰 버스가 들어왔다. 우리를 태워줄 차다. 천명선교사 40여 명, 우리 일행 17명 모두 다 탈 수 있었다. 복잡한 마닐라 시내를 차가 힘들게 빠져나갔다. 디젤차에서 내 뿜는 매연이 자욱하고 더위 때문에 차 문을 열어 놓으니 매연을 마셔 목이 칼칼하다. 차간거리도 아슬아슬하게 유지하면서 잘 달려 나간다. 우리나라 도심지 못지않게 복잡하고 위험하였다. 2시간 가까이 달려서 실랑 천명선교사 본부를 향하여 갔다. 건물들이 잘 정렬된 AIIAS(재림교국제선교연구본부)가 위치한 곳을 지나서 도착하였다.

정문을 고치느라 한동안 정문 앞에서 기다려야 했다. 결국 모두 걸어서 들어가게 되었다. 상당히 터가 넓고 잘 정돈된 건물들이 보였다. 공사 중인 곳도 있었다. 이곳의 원장인 김요한 원장이 마중을 나왔다. 부원장인 이진욱 목사도 나왔다. 우리 일행을 인솔해 온 연합회 청소년 부장과도 대화하였다. 먼저 원장사택으로 갔다. 구수한 된장 끓이는 냄새가 났다. 점심식사를 대접받았는데 여러 가지 한국 음식과 이곳 열대 과일이 푸짐하게 나왔다. 망고가 맛있었다. 원장 목사에게는 사모와 두 남매가 있었다. 아래 딸이 참 예쁘게 생겼다.

식사 후 나는 아들 방에서 잠이 들었고, 한숨 자고 나니 밖으로 일행이 나갔다. 본부 건물을 둘러보았는데, 한국에서 보내준 돈으로 이렇게 잘 지어 놓았고 그때까지 500명 가까운 선교사들을 양성하였다 한다. 초대 이재룡 원장, 이전 김시영 목사가 수고했고, 지금 원장은 그 당시 부목사였다 한다. 이국에서 선교훈련을 위해 수고들 하고 있었다. 여러 사람들이 다녀갔고 감명을 받고서 그들을 도와주고 있다고 하였다. 저녁식사를 간단히 했고, 영어학원교회 선교사들이 모여서 내일의 계획을 세우고 있었다. 전국의 영어학원교회의 젊은 직원들이다. 이들 중 상당수는 자기 전공과 관계가 없는 일을 하고 있는 것이다. 어린이 봉사팀과 의료봉사팀이 나누어져 각자 물품을 챙기고 사역의 계획을 짜고 있었다.

나는 다음 날 아침식사 후 진료지로 가게 되는데, 4시간 차로 가서 다시 1시간 배를 타고 또 3시간 차를 타야 한다. 오늘은 잘 자두는 것이 좋겠다고 생각했다.

12월 21일

아침 5시경에 잠을 깨니 아직 사방이 어둡다. 소변을 보고 다시 잠을 청하였다. 6시경에 깨어서 화장실에서 용변을 보고 세수를 하였는데, 화장실 바닥에 네모난 물체가 있어 자세히 보니 작은 거북이다. 거북이를 키우고 있었다. 2마리가 고개를 몸통 속으로 쏙 집어넣고 있었다. 새로 온 사람에 대한 경계심 때문에 그런가 보다. 이 집 앞 나무에는 원숭이 한 마리가 목줄에 묶여 있었다. 내가 다가가니 이빨을 드러내 보이는데, 웃는 건지 위협하는 건지 모르겠다.

아침 일찍 이 집 주인인 원장목사는 집 앞의 길을 롤러카로 다지고 있었다. 7시경에 아침식사를 위해 어제 봤던 두 분 사모들과 아이들이 왔었다. 사모께서 아침시간에 뷔페식으로 여러 가지 반찬을 차리느라 수고를 많이 한 것 같았다. 내가 대표로 식사기도를 하였고 식사하면서 서로 담소를 나누었고, 식사 후에도 한동안 계속되었다. 청소년부장의 장세척에 대한 경험담을 재미있게 들었다. 한국에서는 개인의원에서 이런 치료를 하는 것으로 알고 있는데 직접 관장하지 않고 섬유소가 많이 든 식이를 먹게 하여 장청소를 해서 숙변을 배출시키면 여러 가지 불편한 증상들(두통, 관절통, 구취, 피부병, 하혈증)이 없어진다고 하였다. 나도 피부에 뭐가 잘 생기고 눈도 빨갛게 되는 것이 그 숙변이 원인이 되지 않나 생각되었다. 앞으로 이 섬유소를 구해서 복용할 생각도 했다.

아침 9시경에 나를 데리러 차가 온다고 했다. 9시 반이 지나고 10시경에 다른 목사가 승용차를 몰고 왔다. 나를 태우고는 국도를 따라 내려간다. 길은 좁은 길로 바뀐다. 바탕가스 항구까지 가서 배에 차를 싣고 건너간단다. 가는 길에 큰 호수가 보였다. 주변의 경치가 매우 좋았다. 드디어 항구에 도착하였다.

바탕가스는 꽤나 큰 항구로 도로에는 스페인어와 영어로 써 놓은 팻말들이 보였다. 마치 미국 캘리포니아에 와 있는 기분이다. 사람들도 까무잡잡한 멕시칸을 그대로 빼닮았다. 스페인과 원주민 사이에 생긴 튀기인 메스티조인 셈이다. 눈썹과 눈 사이가 아주 짧고 서양사람의 모습을 풍긴다. 타고 갈 배는 미국에서 보던 것처럼 큰 배로 차와 사람을 싣고 2시간여 걸려서 우리를 민도르 섬의 카프리안에 내려놓았다.

부두 앞에는 차들이 대기하고 있었고 사람들이 떠들썩 호객행위를 하고 있었다.

우리를 마중 나올 선교사를 찾아보았으나 찾을 수가 없었다. 할 수 없이 우리끼리 출발하기로 하였다. 길은 좁았고, 어떤 곳은 시멘트 포장이 파손되어 맨땅바닥이다. 큰길을 따라가다가 길을 잘못 들어 되돌아 나와 겨우 원래 길을 찾았다. 보하스까지 이런 길을 한참 계속가야 했다. 6시가 지나니 배가 고파온다. 주위에 사 먹을 곳도 없었다. 남아 있던 계란과 빵을 나눠 먹는 것으로 저녁식사를 대신하였다. 길은 포장이 되어있으나 사람들이 나다니고 삼륜차가 불도 켜지 않고 갑자기 나타났다.

겨우 달려서 로하스에 도착했다. 도시가 꽤 크고 사람들도 많았다. SDA교회를 물어보니 잘 가르쳐 준다. 뒷길로 들어가 다시 물어서 교회를 찾게 되었다. 교회는 상당히 크나 낡았다. 7시경인데 벌써 예배를 보려고 온 사람들이 많이 앉아서 이야기들을 하고 있었다. 인사를 하니 반갑게 우리를 맞아 준다. 어디서나 하나님을 믿는 사람들의 마음은 서로 통한다. 집회 시작 시각인 7시 30분이 되니 더 많은 사람들이 교회로 들어왔다. 가운데 앞쪽은 좀 비었으나 거의 다 자리가 찼다. 조그만 여자아이가 교단에 올라가서 찬미가를 부르도록 인도하고 있었다. 전자 오르간을 연주하는 여자는 다소 반주가 서툴러, 어떤 곡은 반주를 잘못해서 노래만 부르기도 했다. 예배가 시작되니 한 청년이 두 처녀와 교단에 올라온다. 기타반주로 듀엣을 부르고 난 후 청년의 설교가 시작되었다.

필리핀 토속어인 따갈로그어로 말해서 전혀 알아들을 수가 없었다. 찬미가는 곡조가 귀에 익은 곡으로 때로 한국말로도 따라 불렀다. 약 40분간 청년의 힘찬 설교가 계속되었다. 우리 교회에서 예배 보는 순서와 똑 같았다. 마지막 찬미와 마치는 기도로 예배가 다 끝났다. 이 교회 교인 말이 우리가 가기로 한 곳에는 길이 나쁘고 어두운 밤이라 내일 아침에 가는 것이 좋겠다고 하였다. 오늘은 이 교회 교인 집에서 하룻밤을 자고 가야만 했다. 우리가 안내받은 집은 잘 지어진 단층집인데 집주인 부부는 미국 캘리포니아 로마린다에 이민을 갔고 큰아들이 살고 있다고 하였다. 큰아들은 미혼이고 미국 이민 비자를 기다리고 있다고 하였다. 컴퓨터 프로그래머로 마닐라에서 일하다 지금은 쉬는 중이라 했다. 화장실에서 샤워하고 이 집 안주인 방에서 하룻밤을 보내게 되는데, 침대는 물침대로 조금만 움직여도 출렁거려 묘한 기분이 들었다. 다음 날 아침 6시경 깨어서 9시경까지 진료할 곳에 도착해야 하는 일정이었다.

12월 22일

아침에 아직 먼동이 트기 전부터 닭 우는 소리가 요란하였다. 시계를 보니 아직 6시가 되지 않았다. 일어나 세수를 하고 자리를 정돈하였다.

방 밖에 나오니 이미 집주인 아들이 뜨거운 물을 끓여 놓고 분유를 타 먹도록 해놓고 있었다. 빵 한 쪽이라도 같이 먹을 수 있도록 하였다. 깡통을 따서 물고기를 꺼내 놓는다. 나는 몇 수저 먹어 보았으나 같이 온 목사는 전혀 손을 대지 않았다. 아침에 우선 승용차로 가기로 했다. 새벽에 비가 많이 퍼부은 것 같았는데, 길은 약간 젖어 있을 뿐 크게 문제 되지 않았다. 로하스시가지를 돌아 나와 길이 나 있었다. 어제 본 길과 크게 다른 것이 없어 보였다. 길은 언덕길로 가파르게 올라갔다가 산중턱을 돌아서 내려간다. 이 길을 내려가면 우리가 목적한 마나홀에 도착한다.

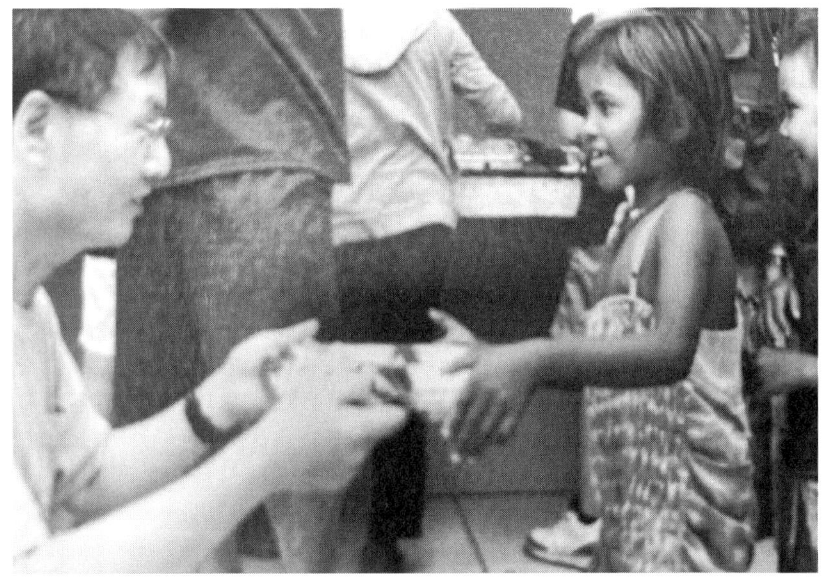

▲ SDA의사회 김용운 총무가 활약 중

목적지에 도착하니 길옆으로 마을이 있고 작은 길을 따라 들어가니 SDA의사회 김용운 총무(사진)가 눈에 보였다. 오랜만에 만나 인사를 하고서 우리는 동네에 있는 큰 집으로 인도되었는데, 이 동네에서 제일 좋은 집을 돈을 주고 빌렸다 하였다. 대원들도 우리를 반겨서 맞이하였고 집 안으로 들어가니 온 집안에 짐과 옷가지들이 많이 있었다. 이미 아침식사는 끝냈는지 우리에게만 아침식사 하기를 권하였다. 쌀밥과 감자가 든 반찬, 닭 볶은 것들도 있었다. 처조카인 조인경이가 대원 중에 있다가 아침밥을 갖다주고 물도 주었다. 이번 봉사대에서 열심히 봉사하고 있었다.

환자들이 어제부터 와서 기다리고 있었다. 오전 8시가 지나서 진료를 시작하였고 영어학원 필리핀 선교사가 통역을 해주었다. 이 선교사는 마닐라 근교가 고향이고 미국 로마린다대학에서 예방의학을 공부하였다고 한다. 의학계통에 대해 좀 알기 때문에 통역이 잘 되어 많이 도움을 받았고 약처방을 잘해줄 수 있었다. 이 나라는 열대

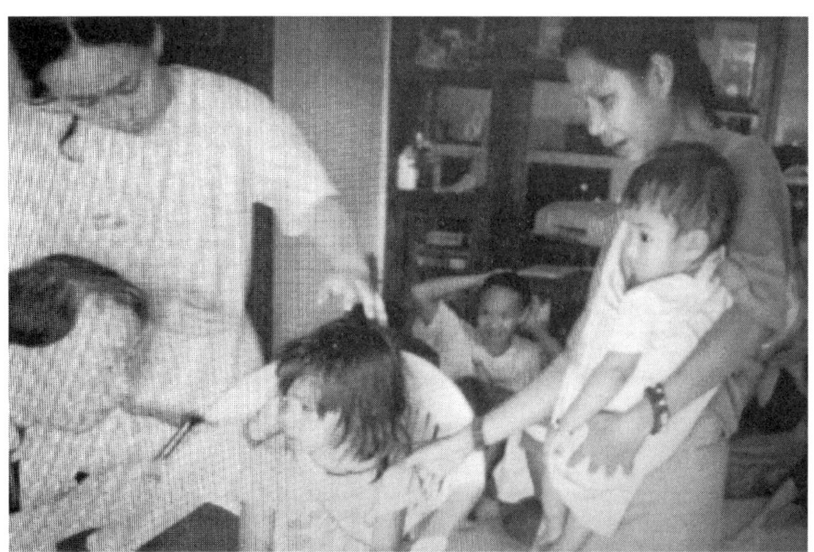

▲ 필리핀 민도르에서 소아환자 진료 중

지역이지만 12월이면 기온이 낮은 때라 많은 사람들이 감기에 걸려 있었다. 감기약 처방을 많이 해야 했다. 많은 소아과 환자들도 치료해 주었다(사진).

한 여자아이는 목뒤에 종기가 크게 생겨 농양화되어 있었다. 절개하여 상당히 많은 환자를 배농하여 주었고, 아이는 힘들어 안간힘을 쓰면서 울부짖었다. 계속 환자들이 접수되었다. 나름대로 묻고 진찰하였고 약을 처방해 주었다. 혹시 약이 떨어져 전부 다 투여하지 못할까 걱정이 되기도 하였다. 12시가 지나도 환자들이 계속 들어오고, 2시가 지나도 환자들은 계속 오고 있었다. 10분 동안만 휴식하면서 점심식사도 먹도록 하였다. 아침식사 때와 비슷하게 먹었다. 파파야 과일이 있어 좀 먹었더니 피부에 뭐가 나고 가려움증이 생겼다.

다시 환자를 보기 시작하였다. 4시경이면 짐을 꾸려 이곳을 떠나야 한다. 3시경이면 환자를 다 보도록 속도를 좀 내었다. 접수되었던 사람들은 다 보았고, 그들 중에는 몸 아래쪽 앞만 가린 산족도 있었고 그들의 여인들은 치마를 입었고 입에는 무슨 풀을 씹어서 치아가 모두 검붉었다. 치과에서는 이들에게 스케일링을 해주었다. 이들은 현지인들과 어울리기 힘들고 그들만 따로 떨어져 살고 있다 했다. 진찰을 못 받은 사람은 없는지 다시 큰소리로 확인하여 몇 명 더 진료하였다.

내가 본 환자가 한 130명쯤 되었다. 짐을 꾸려서 나오니 동네 사람들이 장터에 몰려 있었고, 한쪽에서는 농구를 하고 있었다. 필리핀은 미국의 영향을 받아서인지 농구를 하는 곳이 많았다. 심지어 차가 지나가는 길바닥에서도 농구를 하고 있었다. 고개 너머에 교회 사람들이 돌아가려고 몰려서 차를 기다리고 있었는데 그들에게 인사를 하였고 우리 믿는 사람으로서 하늘나라의 소망을 서로들 이야기하였다.

우리 차는 지프니인데 닛산회사의 엔진을 달았고 오래되었으나 필리핀 목사의 차로 좀 싸게 빌렸다 하였다. 대원들이 타고나서 김총무와 앞자리에 앉게 되었다. 엔진소리가 너무 커서 무슨 공장에 와있는 기분이다. 디젤엔진의 냄새와 매연이 목을 따갑게 하였다. 차는 비포장도로라 먼지는 피어오르고 앞차가 가는 뒤를 연막차장을 한 것 같은 먼지 속으로 달려갔다.

다시 어제 묵었던 로하스까지 가야 했다. 고개를 넘어서 한참 가니 포장된 도로가 나왔다. 이제 먼지는 안 난다. 길에 다니는 차들도 여러 종류였다. 지푸니 외에도 다른 승용차도 보이고 한국에서 수입했는지 중고 쏘나타도 있고 현대 그레이스, 기아 봉고차도 있었다. 또 일제 혼다, 아코드도 보이고 볼보 차도 있었다. 도로는 포장된 지 오래되어 곳곳이 패여 차가 튀었다. 딱딱한 의자에 엉덩이를 찧으니 몹시 아팠다.

필리핀에 온 인상을 주기에 부족함이 없게 해 준다. 배는 고프고 차내에서 가져간 계란을 식사 대신 돌린다. 어제도 오면서 찐 계란을 먹었는데, 오늘도 찐 계란을 먹게 되었다. 이곳 필리핀 계란은 우리나라 것보다 좀 작고 껍질이 덜 딱딱하다. 닭도 아마 우리나라 닭보다 좀 작을 것으로 생각되었다. 지나는 마을마다 어제 본 모습과 같아 보이고 차는 야자나무가 가득한 농장 가운데로 난 길을 열심히 달리고 있다. 이제 운전하던 기사가 쉬고 필리핀 목사가 직접 운전하고 있었다. 날이 어두워지고 있었다. 부슬비가 내리고 있다. 차 앞 유리창의 클리너는 고장이 나서 빗물 때문에 시야가 흐렸다. 그 빗속을 운전하며 달려가고 있으나 나는 다소 불안하였다. 순간적으로라도 앞이 잘 안 보여 차가 길이 아닌 곳으로 들어가는 사고라도 날까 걱정이 되었다. 고물차이지만 유리창 클리너도 안 고치고 차를 몰고 다니는 게 대단한 담력의 소유자들이다. 아직도 여러 시간을 더 가야 우리가 내렸던 카프란항구이고 이 항구를 지나 우리는 회이트비치라는 휴양지로 가게 되어있었다. 그곳에서 하루를 쉬면서 귀국할 준비를 한단다.

비는 더 심하게 오고 차의 전망이 더 흐리다. 일부 대원들은 흔들리는 차 속에서 잠을 자고 있었고, 또 다른 대원들은 재미있게 이야기들을 하고 있었다. 내 뒤에는 목사 사모가 아이들과 함께 타고 있었는데 필리핀 사람과 약간 달리 생겼는데, 물어보니 할아버지가 중국사람이라고 하였다. 그래서 이름에 중국 성씨 칭이 들어 있었다. 얼굴 모습이 순진하고 꾸밈이 없어 보인다.

차가 계속 앞으로 나아가는데 인솔하는 전도사가 화이트비치에 전화했더니 비가 많이 오고 길이 나쁘니 오늘 밤은 카프란에서 자고 내일 아침에 오는 것이 좋겠다고 하여 차를 카프란으로 돌리게 하였다. 빗방울이 떨어지는 속에 우리는 카프란 시내에 차를 세워 놓고 숙소를 알아보려고 몇 사람이 시내의 호텔을 찾아 나섰다. 길거리는 매우 혼잡하였고 사람들도 많이 다니는데 그 속으로 차들이 경적을 울리며 달려 나가고 있었다.

나는 일행과 함께 잡화점에 들러 필리핀 물건들을 돌아보았다. 필리핀은 과거 미국의 영향을 받아서인지 소모품들을 매우 잘 만들고 있었다. 특히 식료품 중에도 과일 가공품은 미국제품에 비해 손색이 없어 보였다. 가격은 크게 싼 것 같지는 않고 대개 한국의 반값 정도로 보였다. 망고주스를 먹어 보니 달콤하고 시원하였다. 과일 분말을 여러 가지 구입했다. 한국에 갈 때 가져갈 생각이었다. 그러나 총무 선생이 필리핀에 도착해서 이미 내 몫으로 과일 분말과 농축액을 사다 놓았다 한다. 그래서 첫날 와서 신세를 진 선교원 원장목사댁에 선물로 줄 생각으로 따로 묶어 놓았다.

숙소를 구하러 갔던 대원들이 돌아와서 우리는 차를 몰고 뒷골목에 있는 모텔로 가게 되었는데, 가서 보니 방이 좁고 가격도 비싸서 다시 다른 호텔로 가게 되었다. 호텔 방은 높은 계단을 올라가서 들어가게 되는데 힘들게 짐들을 들고 올라갔다. 한국 같으면 엘리베이터라도 있음직한 데도 없었고, 한 방에 3명씩 들어가 자게 되었다. 우선 샤워부터 하고 나서 옷을 갈아입고서 잠자리에 들었는데 침대는 두 개밖에 없었고 부득이 한 침대에 두 명이 잠을 자야 할 판이었다.

12월 23일

몇 시간 눈을 붙이고 새벽에 기상하여 화이트비치로 출발하였다. 아직도 잠이 다 깨지 않은 비몽사몽의 상태다.

차는 국도를 달려 점차 숲이 우거진 곳을 달린다. 산밑을 달리다 산 중턱을 돌아서 올라간다. 멀리 푸른 태평양 바다가 시원히 보인다. 구불구불하게 길은 나 있는데 길바닥은 어제 온 비로 땅이 짓무르고 패여 있었다. 운전하는 목사도 신경이 쓰이는 모양이다. 비가 내린 지난밤에 이런 길을 갔다면 틀림없이 사고가 났을 것이라는 생각이 들었다. 야자나무 밑에는 야자열매를 따서 그 속은 빼내고 껍질만 수북이 나무 밑에 모아 놓았고, 수많은 야자나무가 있는데 그 주인이 다 따로 있다고 하였다. 필리핀은 열대지역이라 식물이 잘 자라고 특히 과일이 잘 열리고 잘 익는다고 했다. 바나나 나무에는 바나나가 꽉꽉 열려서 사람들이 따 주길 기다리고 있었다. 이렇게 열대과일이 흔한 나라로 그 나름대로 축복을 받았다고 생각되는데, 이 나라의 평균소득은 너무 낮고 국가의 부가 몇 큰 가문의 수중에 있다고 하고 대부분 국민들은 너무 살기가 힘들고, 마닐라 시내에도 빈민들이 생활하는 특수지역까지 생겨있는 실정이다.

차는 이제 점차 산밑으로 난 길을 따라 내려가고 있었다. 태평양의 푸른 바다색이 인상적이다. 햇살을 받아 반짝이고 있었다. 차가 화이트비치 입구에 들어서니 길 공사를 하는지 한 대씩만 들여보내고 있었다.

한참을 기다려 차가 마을로 들어서서 해안 쪽으로 방향을 틀어 들어가더니 멈춘다. 더 이상 차가 들어갈 수 없는 모양이다. 모두 내려서 각자의 짐을 끌고 해안에 예약된 한국인이 경영하는 음식점으로 가게 되었다. 해수욕객들이 보이기 시작하고 그중에는 미국인으로 보이는 사람들도 있었고 한국에서 온 사람들도 보였다. 많이 북적거리지는 않아도 사람들이 꽤 있었다. 바다 물속에 들어가 있는 사람도 있고 바닷가 모래에 앉아 있는 사람도 있었다. 관광객에게 진주나 산호 목걸이를 가져와서 사도록 내미는 필리핀 장사꾼도 많았다. 한국 사람이라고 알고서 간단한 한국말로 흥정해왔다. 한국 사람들이 자주 다녀가는 모양이다. 한국 사람들은 돈이 많다고 생각하는 것 같았다.

한국인 부부가 일하는 음식점에는 아침 겸 점심식사를 한국식으로 차려 놓았는데, 오래간만에 김치부침, 고추장 발라 구운 생선을 보니 군침이 돈다. 밥 한 그릇이 쉽게 목구멍으로 넘어간다. 오렌지 주스도 있다고 쓰여 있어 청하니 다 떨어져 없다고 한다. 식사를 끝내고 각자 배정받은 콘도 방에 짐을 두고서는 배를 타고 나가 스노쿨링을 하러 갔다.

나는 식후여서 노곤하고 잠도 부족하여 한숨 눈을 붙였다. 잠에서 깨고 나니 다들 바다로 나간 모양으로 아무도 보이지 않았다. 나도 옷을 간단히 갈아입고 구두는 그대로 신고 바닷가로 걸어 나갔다. 흰 잔모래가 수 킬로미터는 깔려 있는 듯 보였다. 날이 흐려 그런지 물은 어제처럼 푸르지는 않았다. 다소 파도가 일고 있었다. 모래사장을 따라 해변 끝까지 걸어가니 바위들이 몰려서 있었다. 바위들이 물 때문에 구멍이 파여있고 돌들은 달아서 여러 가지 형태를 하고 있었다. 나는 희고 둥근 돌을 두어 개 주웠다. 아기주먹 크기만 한 단단한 돌이다. 가운데엔 구멍이 뚫려 있었다. 필리핀 방문기념으로 가져갈 생각이었다. 어떤 필리핀 사람 하나가 다가와 폭포 구경을 시켜 주겠다고 하였다. 그러나 우리 일행이 이미 산 너머에서 본 그 폭포라 거절하였다. 꽤 높은 폭포가 길가에 있었고 2단으로 되어서 바다로 떨어지고 있던 폭포였다. 다시 바닷가를 따라서 돌아오는데 큰 파도가 치고 그 속으로 우리 대원들을 실은 배가 스노쿨링을 끝내고 들어 오고 있었다. 파도가 치니 바닷물 속에 나무다리를 내려서 그것을 붙잡고 배에서 내리고 있었다. 파도가 치면 다리가 흔들리고 사람들이 물속으로 빠져서는 물을 헤치고 나오고 있었다.

모두가 내린 후에 재미가 좋았느냐고 물어보니 파도가 심히 일어나 바다 밑바닥을 잘 볼 수 없었다고 하였다. 나도 구두를 물가에 벗어놓고 파도가 밀려올 때면 파도 뛰어넘기를 했다. 다른 사람들도 파도를 뛰어넘느라고 웃음소리들이 크다. 물 밖을 나와 보니 내가 벗어놓은 구두가 안 보였다. 리차드 구두로 약간 낡은 거지만 내가 수년간 신고 다닌 신이다. 신발이 없어졌다고 뒤에 있는 필리핀 사람에게 물어보니 모른다 했다. 아마 파도에 휩쓸려 갔을 거란다. 분명히 파도가 닿지 않는 뒤편 모래언덕에 두었는데, 아무래도 누가 일부러 가져간 것 같았다. 아까부터 계속 물건을 사달라고 끈질기게 따라다니던 필리핀 장사꾼이 골탕을 먹이려고 숨겼나 생각도 들었다.

자칭 필리핀 경찰이라는 사람이 오더니 필리핀 사람들은 그런 도둑질할 사람이 없다고 하였다. 그러나 월남사람들이 많이 피난 와서 사는데, 그들이 가난해서 도둑질해 갔을지 모르겠다 하였다. 아무튼 구두를 잃어버려 난감한데 숙소에 돌아와서 이야기하니 김 총무가 자기가 한국에서 가져온 구두를 빌려주었다. 자신은 운동화로 한국까지 가고 나에게 구두를 빌려주고서 한국 가서 돌려 달라고 하였다. 구두를 신어보니 내게 약간 큰 편이었지만 별 도리없이 고마운 마음으로 신게 되었다. 내게 필리핀에서의 깊은 인상을 준 사건이었다.

바탄가스까지 우리를 싣고 갈 배가 해안에 도착하였다고 하여 나가 보니 그렇게 크지 않은 배가 물가에 떠 있었다. 안정감을 주기 위해 배 옆에는 대나무 여러 개를 대놓았다. 우리 일행은 한 줄로 배를 타게 되었다. 배는 화이트비치를 뒤에 두고 힘차게 헤쳐 나갔다. 지난번 올 때에 탄 큰 배와는 느낌이 또 다르다. 바람이 얼굴에 맞부딪친다. 물살이 마구 튀어 사람들에게 달려든다. 배 탄 기분이 더 들었다. 뒤쪽에 미국 사람인듯한 남자와 필리핀 여자가 꽉 붙어서는 좋아하고 있었다. 필리핀 여자들은 외국 남자와 결혼해서 사는 것을 자랑스러워한다고 하더니, 정말 그렇게 보였다. 필리핀 여자는 크게 외모가 예쁜 편은 아니나 상대편 남자가 더욱 좋아하는 것 같았다. 2시간을 달리니 멀리 바탄가스항구가 보인다. 해안가의 공장 굴뚝에서 흰 연기가 피어오르고 산자락에 그림자가 드리워져 있었고, 저녁 시간이 돼가고 있었다. 마닐라만에 가까운 이 지역이 아름답게 보였다.

드디어 항구에 도착하였고 우리는 외나무다리를 걸쳐 놓은 곳을 통해 부둣가로 올라갔다. 큰 항구에는 많은 배들이 정박해 있었고 이들을 맞아서 자동차와 사람들이 많이 움직이고 있었다. 과자 파는 아이들도 돌아다닌다. 우리나라의 엿과 비슷한 것에 땅콩을 곳곳에 박아 놓은 둥그런 과자를 팔고 있었다. 한 줄을 사서 대원들과 나누어 먹었다.

물을 팔러 다니는 아이들도 있었다. 시간은 저녁때라 해는 지고 선선한 바람이 불어오고 있었다. 물을 사 먹는 사람은 없어 보였다. 우리가 탈 차는 큰 버스로 처음 공항에서 우리 일행을 싣고 온 그 차였다. 한국에서 수출한 중고 버스이지만 그제까지 탔던 지프니와는 천지 차이였다. 쿠션이 부드럽고 차 소음도 훨씬 덜했다. 우리가 배가 고파서 패스트푸드 가게로 가니 문을 닫아 그 옆에 있는 중국 음식 체인점에서 중국음식을 시켜서 먹게 되었다. 음식 맛이 한국에서 먹던 중국 음식과는 또 다른 맛이었다. 일행 중 어떤 이는 조금 떠먹다가 그대로 물려서 놓는다. 비위에 맞지 않는 모양이다. 한국에서 먹는 중국 음식은 한국화되어 우리가 먹기에 괜찮으나 이곳의 중국 음식은 중국 본토와 같게 만들어진 것으로 보였다.

다시 차를 타고 선교센터로 돌아갔다. 피곤하고 졸려서 눈을 감고 있으니 잠이 저절로 온다. 몇 시간을 달려서 눈을 떠보니 야자수 숲 속을 달리고 있었다. 이윽고 선교센터에 무사히 도착하였고, 모두가 감사기도를 드리고 각자 숙소로 향하였다. 우리를 영빈관에서 자도록 배려해 주었다. 전번 센터 원장 댁에서 잔 것보다는 마음 부담이 덜할 것 같았다. 지난번에 신세를 진 것 때문에 갈라판에서 사 온 주스분말을 원장 사모에게 전해드렸더니, 한국에 가져가지 않고서 뭘 주느냐며 고마워하였다. 영빈관 숙소는 화장실이 붙어 있고 침대도 여러 개 있었다. 나와 김 총무와 함께 자게 되었다.

12월 24일

아침에 일어나 침구를 정리하고 센터 원장댁으로 아침식사를 하러 갔다. 우리 대원들은 거의 젊은 사람들이라 잘들 먹었다.

식사 후 짐을 정리해서 밖에 내다 놓았다. 우리를 싣고 갈 버스가 오기로 되어있단다. 공항까지 우리를 태우고 가는 도중에 뒤쪽에서 승용차가 한 대 쫓아와서 우리 차를 정지시키는데, 선교센터에서 한국의 지회로 서류를 전달하는 모양이다.

공항까지 가는 길은 처음 왔을 때보다는 다소 여유있는 마음으로 구경하고 있었다. 짙푸른 열대수목들이 잘 자라고 있었다. 다시 오게 된 마닐라공항은 이제는 눈에 익은 건물이 되었다. 비행기표를 확인하고 비행기를 타기 위해 몸검색을 하였다. 최근 9.18테러 이후에 이곳에도 한층 보안 검색이 강화된 모양이다. 검색대를 3번도 더 통과하도록 철저히 하고 있었다. 겨우 비행기를 타게 되었는데 한국행 비행기에는 많은 한국사람들이 타고 있었다.

비행기는 3시간여를 날아서 나를 인천공항에 내려놓았다. 이번 4일간의 필리핀 봉사 여정이 끝나고 대원들은 서로들 인사하면서 각자의 목적지로 헤어지게 되었다.

봉사의 기회를 주신 하나님께 감사의 기도를 드리게 되었고 우리 대원들도 차후에 한 번 만나서 뒤풀이라도 해야겠다는 생각이 들었다.

러시아 의료봉사기(2002년 7월 4일~7일)

7월 4일

아침에 집을 나서기 전에 짐을 다시 확인하였고, 병원에 가서 협진 의뢰된 환자들을 진료하고 또 이 목사 진찰을 도와주고, 12시경에 집으로 돌아왔다. 여행 백을 끌고 인천공항 행 버스를 타기 위해 양재역 쪽으로 갔다. 15분 정도 기다려 인천공항으로 가는 버스를 탔다. 차비는 5,500원이었는데, 차가 시내에서는 다소 막히다가 1시간여를 달려서 인천공항에 도착하였다.

J21구역에 있는 달라비아항공사에서 발권하고 출국카드를 구입해 공항 검색대를 통과하여 나갔다. 신발까지 벗어들고 모두 통 속에 넣어 X선 투시기를 통과하게 하였다. 달라비아항공 승객은 게이트 43번에서 탑승하고 탑승 대기석에는 완전히 서양사람인 러시아인들이 많이 대기하고 있었다. 젊은 여자들이 많았고 나이 든 여자, 남자들 간혹 어린아이들도 있었다. 외국 공항에서 비행기를 기다리는 기분이다.

이제 한국과 러시아는 국교가 재개되어 많은 사람들이 왕래하고 있다. 하바로프스크와도 매일 러시아 비행기가 뜨고 아시아나항공에서는 매주 운행하고 있어 많은 교류에 도움을 주고 있다. 출발 전에 미국에 가 있는 아내와 통화하려고 공항 내 전화를 사용해봤는데 잘 되지 않았다. 동전을 바꾸어서 여러 번 시도해도 통화가 안 되었다.

전화 거는 것을 단념하고 비행기를 타고 가기로 하였다. 비행기는 소형 제트기로 비행기 안은 찜통처럼 더웠다. 무슨 비행기가 이렇게 에어컨 가동이 안 되는지 모르겠다. 비행기 앞쪽은 의자를 전부 뉘어서 그 위에 짐들을 얹어 놓았다. 무슨 화물 비행기 속에 들어와 있는 기분이다. 내가 앉을 자리에는 다른 한국 사람이 앉아 있다가 자리를 내어주었다. 내 좌측에는 다소 나이가 들어 보이는 안경 낀 아저씨가 앉았고 내 우측에는 젊은 한국 사람이 앉았다. 나이 든 아저씨는 러시아에 사는 한국 교민으로 고려인이고 과거 소련 시절에 광산대학을 나와 사장까지 하였고, 55세에 퇴직한 후 지금은 외국과 무역업을 하고 있다고 했다. 기계류를 수입해서 판매하는 유복해 보이는 분이었다. 아들들은 러시아 여자들과 결혼하여 살고 있다고 하였다. 과거에 공산주의를 했으나 이제 더는 그런 짓을 하지 말아야 한다고 하였다. 내 우측의 젊은 남자는 한국 사람인데 과거 민중당에서 일했고 지금은 러시아 여자를 아내로 맞아서 살고 있는데 러시아 처가에 간다고 하였다. 얼마 전에 한국 농촌에 처녀가 없어서 장가를 못 간 노총각들이 연변에 가서 조선족 처녀와 선을 보고서 결혼하여 한국에 들어온 연변 여자들을 보았는데, 이제는 러시아 여자들이 한국 남자들과 인연이 되고 있었다. 우리 뒤편에 앉은 젊은 러시아 여자도 한국 남자와 결혼할 예정이란다. 러시아 바람이 서서히 불고 있다. 한국산 제품들도 많이 가져간다. 여러 가지로 종류가 다양하다. 이윽고 비행기가 높이 뜨게 되니 찬 공기가 서서히 들어오기 시작하고 땀나는 것이 좀 덜해졌다. 러시아 여자 승무원들이 마실 음료수를 권한다. 러시아는 땅이 넓고 농사도 소출이 많아 여러 농산물을 생산해 내놓는 모양이다. 이윽고 식사가 나오는데 다른 항공사에서 주는 것과 별반 다른 데가 없어 보였다. 단지 스튜어디스가 돌아다니면서 음료를 더 권하지 않는 것이 다르다. 아직 세련된 서비스는 하지 못하고 있다.

하바로프스크에는 구름이 끼고 비가 오고 있었다. 무더위에 너무 힘들다고 하는데 다행이라 생각하였다. 구름 속을 뚫고 비행기가 착륙을 시도하였다. 공항이 넓게 보이고 활주로에는 비가 적시고 있었다. 비행기 문밖에 나서니 가는 빗방울이 얼굴을 때린다. 우리나라나 선진국에서 보던 것과는 달리, 이동용 트랩을 갖다 놓고 내리게 하였다. 트랩 끝에는 러시아 경찰이 부동자세로 서 있었다. 아직 구소련의 티를 다 벗어나지 못한 듯하였다. 공항은 단층 건물로 크지 않고 낮았다. 출입국 관리들이 부스 속에 들어앉아 있었고 무표정하게 기계적으로 일을 처리하고 있었다. 미국이나 유럽 국가에서 보는 웃는 얼굴은 아직 기대하기 힘들다. 내 차례가 되니 아까 비행기 안에서 내 옆에 앉아 있던 나이 든 아저씨가 나를 먼저 앞세운다. 혹시 문제가 있으면 말이 안 통하는 나를 대신해서 말을 좀 해주겠다 했다. 고마운 생각이 들었고 그분이 교회에 출석한다고 하던 말이 생각났다. 역시 교인이 다르다는 생각이 들었다. 관원은 별 문제 없이 그대로 스탬프를 찍어 주었다. 다시 짐 찾는 곳으로 가 있다가 나는 찾을 짐이 없다고 하니, 먼저 나가라고 하였다. 인사를 하고 밖으로 나오니 우리 간호 학생이 나를 보고 반겨주었다. 또 나이 든 장로 한 분도 나왔다. 하바로프스크 교회의 임재명 목사가 사모와 아기를 데리고 같이 나와 있었다. 한국에서 SDA영동교회에서 전도사로 일하다가 용문교회로 가서 시무하였고, 그 당시에 내가 가서 두 번 무료진료를 했던 기억이 났다.

교회 장로가 나를 보고는 억양이 센 함경도 사투리로 말하였다. 이분은 고려인이고 중앙아시아에서 살다가 최근에 이곳으로 이주하였다고 한다.

우리를 싣고 갈 차는 지프형으로 일제 차였다. 운전대가 우측에 붙어 있는데 러시아는 우측으로 차도가 나 있는데도 운전을 잘하였다. 일본이나 영국과 같은 왕이 있는 섬나라와는 달리, 대륙에서는 미국처럼 주로 우측 통행인데, 이런 일제 중고차를 밀수도 해다 파는 것이 많다고 하였다. 차는 잘 달려 나갔다. 길거리의 폭이 넓고 길가에는 가로수가 잘 심겨 있었다. 차들이 많이 달리고 있었고 차종도 여러 가지였다. 일제 차들도 많이 보이고 벤츠나 BMW도 있었다. 낡은 차들이 많이 보였다. 멀리에는 궤도전차가 빠르게 달렸다.

우리 차는 오래된 아파트 앞에서 멈추었고 우리는 입구가 지저분한 속으로 들어갔다. 불도 안 켜져 어두컴컴하였다. 중국의 아파트 입구에서나 우즈베키스탄의 아파트 입구나 다 똑같다. 지저분하고 전등은 깨어져 어둡고, 도대체 깨끗하게 하고 사는 것을 모르는 모양이다. 개인의 아파트 속은 공사도 하여 좀 나은 것 같은데, 함께 쓰는 입구는 어디서나 이런 모습이었다. 그래도 이 아파트는 좀 나은 편이란다. 이곳보다 더 못한 곳도 많다고 하였다. 짐을 내려놓고 우리 대원들이 이미 여러 날 봉사하고 있는 합회건물로 갔다. 김 총무와 간호학과 학생들, 또 영어학원 청년들이 나를 반겨주었다. 이미 여러 환자를 진료하였고 학원생들은 영어와 한글학교를 운영하고 있었다.

1991년에 학생선교사들에 의하여 주변 학교 교실을 빌려서 한글학교와 교회를 시작하였고 이제는 교회와 합회건물이 붉은 벽돌로 이층 건물 크기로 잘 지어져 있었다. 아래층은 치과진료소가 있었고 또 집회를 할 수 있게 공간이 마련되어 있었다. 앞에는 무대도 있고 옆에는 침례탕이 있었는데, 바닥에는 흙이 묻어있고 지저분하였다. 신성한 곳으로 여기면서 깨끗이 관리를 하면 좋겠다는 생각이 들었다. 2층에는 방들이 있었고 일반진료는 이곳에서 하기로 하였다. 이미 여러 교회 교인들의 심전도를 다 찍어 놓았다. 심전도 기계에 불이 날 정도로 찍어서 200명 가까이 된다고 하였다. 심전도 찍은 것들을 판독해 나가면서 기록하고 있는데, 저녁 식사가 준비되었으니 임 목사댁에 가서 식사를 하란다. 다른 사람들은 벌써 다 하였단다. 나를 위해 국수를 말아 주었다. 또 과일도 먹게 되었다. 과일은 복숭아와 사과, 살구이다. 복숭아는 큰 맛이 없었고 사과는 부드럽고 맛이 있었다. 식사를 끝내고 총무 선생과 내가 든 거실에서 쉬고 있으니 졸음이 왔다. 옷가지를 꺼내서 입고 있는데 총무선생이 돌아왔다. 피곤한지 간단히 손을 씻고는 잠을 좀 자겠다고 하였다. 아직도 어둡지는 않았지만, 이곳 하바로프스크는 한국보다 위도가 높고 시차가 2시간 더 빠르다. 북극이 더 가깝고 밤 10시가 지나야 어두워지고 사람들도 어두워야 집안에 들어간단다. 나는 누워서 오늘 일기를 좀 쓰려는데 밖에서 전기를 꺼 버린다. 일기는 내일 쓰기로 하고 라디오를 꺼내서 틀어 보니 러시아 방송들이 나오고 러시아 음악보다 미국 팝송들이 더 크게 들린다. 템포가 빠르고 젊은이들이 좋아하는 곡들이다. 가끔 내가 아는 노래도 들린다. 미국의 영향을 많이 받고 있는 것 같았다. 이미 먹거리들로 콜라와 피자가 유행 중이고 젊은이들은 몸에 꽉 끼는 청바지 입기를 좋아하고 있었다. 러시아도 미국의 유행을 따라가고 있는 것 같고 사람들의 가치관도 서서히 바뀌고 있는 것 같았다. 어느 사이에 잠이 들었다.

7월 5일

새벽에 소변이 마려워 잠을 깨어 화장실에 갔다가 큰 것을 보기 위해 힘을 주어도 잘 안 나왔다. 겨우 일을 마치고 나와 세면장에서 아래를 씻으려 물을 틀어도 물이 나오지 않았다. 아마 물꼭지를 잠가 놓은 모양이다. 할 수 없이 휴지로 뒤처리를 하고 침대에 누워 더 잠을 청해 보았지만, 잠이 잘 오지 않았다. 조금 있으니 김 총무가 깨어났다. 일어나서는 성경을 보고 예언의 신도 보았다. 더 누워 자다가 7시 지나서 세면장에서 안전면도기로 면도하였는데 오래되어서 그런지 면도가 잘 되지 않고, 여러 번 밀어야 면도가 되었다. 세수를 하고 물로 아래를 씻고 나니 기분이 좀 나아졌다. 아침밥을 먹으러 식당에 가 보니 반찬을 한국식으로 여러 가지를 만들어 놓았다. 사모가 정성 들인 것이다. 나를 보고 식사기도를 하란다. 간단히 식사기도를 드리고 밥도 많이 먹었다. 식후에 합회건물로 교회 봉고차를 타고 갔다. 진찰받기 위해 이미 많은 사람들이 기다리고 있었다. 고려인들뿐 아니라 러시아인들도 많이 와 있었다. 94년도에 우즈베키스탄에 의료선교를 갔을 때는 주로 고려인들이 대상이었고 우즈베키스탄인과 러시아인들이 소수였는데, 이번 러시아 진료에서는 러시아인들이 더 많이 와 있다. 통역은 우리 교회의 여집사가 맡아서 해 주기로 하였다. 의학용어를 잘 모르는 편이나 그래도 잘 통역해 주어 환자 진료에 어려움이 없었다. 아침 9시경부터 오후 2시까지 계속 환자를 보았다. 차근차근히 시간을 할애해서 물어보면서 진찰하였다. 한 50명은 진찰한 것 같다. 심전도를 찍은 사람들 중에 부정맥이 몇 사람들에서 있었고 심실조기수축증과 심방세동증이 있었다. 혈압 높은 사람들이 매우 많았고 그중에는 뇌졸중까지 생긴 사람도 있었다. 구강암으로 고생하는 환자도 있었다.

투약은 한국에서 진료할 때보다 1주일 더 처방하여 주었다. 중국보다는 환자가 그리 많지는 않은 것 같았다. 점심식사를 한 후 진료하기로 하고 옆의 식당 건물로 가 보니 러시아식으로 빵을 만들어 놓았고, 채소 수프와 여러 볶은 음식들이 보였다. 먹어 보니 그런대로 입맛에 맞았다. 한국사람들을 위해서 김치와 노랑무우도 내놓았다. 살구와 자두도 있었다. 음식은 러시아 남자 요리사가 하였고 여러 집사들이 도와주고 있었다. 내 앞에는 이곳에 유학온 한국 학생이 이 교회를 위해 같이 일을 하고 있었다. 생각보다 많은 한국 학생들이 이곳 하바로프스크에 유학을 와 있다고 하였다. 하바로프스크는 극동지역의 큰 도시로 대학도 있고 교육시설이 잘 구비되어 있는 모양이다. 오후에는 심전도 찍은

▲ 러시아 의료봉사 중 심전도 판독 모습

▲ 러시아 하바로프스크에서 의료 봉사 중

사람들 결과를 봐주었고(사진), 투약도 하였다. 늦게까지 환자를 진찰하였고 8시가 넘어서 저녁식사를 하였다. 아직 환자들이 여러 사람이 남아 있었고 식사 후에 10시경까지 환자 진료를 하였다. 오늘은 100명 이상의 환자를 보았다.(사진)

함께 간 간호학생들이 다소 힘들어 보였다. 밤늦게 지프차를 타고 임 목사댁으로 돌아왔다. 대강 씻고 다시 잠자리에 들었다. 창문으로 들어오는 불빛 아래에서 오늘 일들을 기록하려 하니 전깃불을 꺼 버려 그저 잠을 청할 수밖에 없었다.

7월 6일

오늘은 안식일이라 10시부터 집회를 먼저하고 오후에 환자를 진료하기로 했다. 아침 기상은 좀 더 늦게 했고, 식사도 임 목사댁에서 여유있게 했다. 임 목사댁 아파트 길 건너편에서 좀 들어간 곳에 낡은 교회 건물이 위치하고 있었다. 건물 속은 시베리아의 추운 날씨를 대비해서 비닐로 문을 꽉꽉 봉해 놓은 것이 아직도 그대로 있었다. 교회 안은 낮이 되면서 점차 더워지고 있었다. 안에는 의자를 줄줄이 갖다 놓았고 고려인, 러시아인들이 많이 앉아 있었다. 제일 앞에는 강단 비슷하게 만들어놨는데 임 목사가 마이크를 쥐고 통역하는 여집사와 나와 있었다. 아직 러시아말을 능숙하게 하지 못하고 통역을 썼다. 통역하는 여집사는 어제 우리가 진료할 때에 같이 통역을 해주어 진료에 어려움이 없도록 해 주었던 분이다. 이 사람의 아들도 와서 진찰을 받았는데, 그 러시아 며느리도 애들을 데리고 와서 진찰을 받았다. 집안에 러시아 며느리를 맞은 사람들이 많아 보였다. 우리 팀의 목사 내외와 학생들이 돌아가면서 성가를 잘 불렀다. 연습은 많이 못 했지만, 그런대로 다들 잘 부르는 편이다.

김선한 목사의 성경 설교도 인상적이었다. 프로젝터를 이용해 영어로도 보여주고 설교는 한국말로 하였다. 러시아어로 통역을 해줬다. 교인들이 덥고 답답한 속에서도 열심히 설교를 들었다. 나도 진료팀의 일원으로 소개되었고 또 간단히 건강 강연도 하였다. 암과 성인병, 담배와 술의 해악에 대하여 말하였다. 러시아 사람들이 다른 여러 선진국처럼 건강에 나쁜 습관들을 똑같이 반복해서 몸을 해치지 않았으면 좋겠다는 말을 했다. 지나치게 기름진 음식과 독한 술, 심한 흡연을 문제 삼았다.

러시아에서는 길거리에서 젊은 사람들이 술병을 들고 다니면서 술을 입에다 부어 먹고 다닌다. 담배도 계속 손에 꼽고 다니며 피운다. 이전보다 경제적으로 다소 안정이 되는 것 같으나 이들의 소득에 비해 너무 과도한 소비생활을 하고 있는 것 같았다. 계속 이렇게 나가다가는 아르헨티나 같은 부도 국가가 되지 말란 법이 없을 것이다.

푸틴이 대통령이 되고서 옐친 때보다는 정국이 좀 더 안정이 된 편이라 한다. 반대세력을 조용히 잠재우고 중앙정부에 대항하던 마피아나 남은 공산당 세력을 진압하고서 정치력을 강화하고 있는 중이라고 했다.

국민들은 다시 공산주의로 돌아가는 것은 싫어하고 있다. 소련 붕괴 직후에 혼란과 무정부적 상태는 이제 많이 수습된 듯하다. 푸틴은 원래 KGB, 소련 비밀경찰에 근무하던 중 동독에 파견되어 서구의 물을 좀 먹었고 그 이후 숙청도 당하여 그 자신이 인간적인 고충을 겪었다. 이를테면 정부 권력을 어떻게 행사하는 것이 효율적인지에 대해 연구를 많이 한 사람이다. 옐친에게 발탁되어 일개 야인에서 크레믈린의 최고 통치자로 등용된 것이었다. 옐친 일가의 부정을 눈감아 주고 보호해 주는 것을 기대하고 그 후계자로 선택된 것이었다. 러시아 사람들에게는 그래도 큰 혼란 없이 서서히 국가의 질서를 확립시키는 고마운 사람으로 인식되고 있는 듯하다. 상점의 기념품에도 푸틴의 그림이 들어가 있었다. 여하튼 러시아란 큰 나라를 별 혼란 없이 통치하고 인민들에게 기본적인 욕구를 해결해 줄 수 있어야 하겠다. 1억 5천만 명 이상 되는 인민들을 다 먹이고 입히고 재우는 일이 쉽지 않을 것이다. 아직도 외국인들에게 구걸하는 아이들과 노인들이 많이 보인다. 공산주의 시절에는 없었을 모습이겠지만, 그러나 그런 구걸을 할 수 있다는 것이 그래도 개인에게 자유를 주어서 생긴 현상으로 보였다. 오전 집회를 마치고 다시 임 목사댁으로 가서 점심식사를 하게 되었다. 모든 봉사대원과 교회의 많은 신자들이 다 와서 함께 식사를 하였다. 식사는 집사들이 여러 가지로 차려 놓았다. 러시아식 음식도 있었고 한국음식도 있었다. 또 과일을 절여서 만든 것도 있었고 사과와 다른 과일도 있었는데 크지는 않았고 별로 맛이 없는 편이었다.

오후에 다시 진료를 시작하였다. 교회 예배실 옆방에 진료실을 차려 놓고 환자를 보았다. 어제보다는 환자들이 적었다. 심전도 찍은 것도 봐주고 몸이 아픈 데를 약 처방해 주면 간호학생들이 약을 지어 주었다. 오후 진료 후에 아무르강으로 배를 타고 구경을 하러 간다고 하였다. 진료를 끝내려는데 젊은 러시아 사람 한 명이 자기 어머니에게 약을 달라고 하였다. 어머니 약을 받아 갔다는데 자꾸 달라고 하였고, 가만히 보니 정신이 다소 이상해 보였다. 다른 교인들도 이 사람이 좀 이상한 사람이라 하였다. 잘 이야기해서 돌려보냈다. 심전도를 찍었으나 결과를 보지 못한 사람들이 아직도 20명은 되었다. 모두 300명 넘게 심전도를 찍었다고 했다. 심전도 기계의 용지가 다 떨어져 현지에서 구입까지 하였다고 한다. 하바로프스크에 와서 러시아인들 심장검사는 대단히 많이 해주고 간다. 남은 약은 교회에서 상비용으로 사용하게 상당량 싸주었고 그래도 남은 약은 잘 포장해서 다시 한국으로 가지고 가기로 하였다. 나갈 때는 들어올 때처럼 돈을 물리지는 않으리라 생각되었다.

저녁 식사를 빨리 끝내고 버스를 타고 아무르강 배 타는 곳으로 향하였다. 대원들이 모두 30명은 더 되는데 그 중에는 러시아교회 청년들도 있었다. 버스를 타고 가는 것이 다소 힘들었다. 버스 속에는 사람들이 많이 타고 있었고 자리가 나서 앉아서 가는 사람도 있었다. 내 앞에 높다란 자리가 하나 비어 있었는데 웬 횡재냐 하면서 잘 앉아 있는데, 요금 받는 여차장이 차 안을 돌아다니며 돈을 다 받고 와서는 차장인 자기 자리라 하여 쓴웃음을 짓고는 자리를 내주었다. 한국에서는 생각조차 못 할 일이다. 이곳에서는 차장도 한 자리를 하는 것 같다. 그래서 승객은 서서 가도 차장은 높은 자리에 앉아 간다. 과거 공산주의 때부터 그랬던 모양이다.

버스를 갈아타고 갔다. 시내 중심가 쪽으로 들어가니 길이 잘 포장되어 있었고 건물들도 크고 반듯하게 잘 지어져 있었다. 많은 러시아 남녀들이 걸어 다니고 있었는데, 그들이 입은 옷도 멋지고 값비싸 보였다. 몸에 꽉 맞는 청바지를 많이 입고 다니고, 배꼽티도 눈에 띄었다. 미국이나 서구의 영향을 그대로 받아들인 결과로 보인다. 젊은 사람들의 소비가 꽤나 많이 되고 잘 살고 있는 것 같았다. 여하튼 외관상으로는 좋아 보였다. 공원 입구에는 거지 아이들이 손을 내밀고 구걸하고 있었다. 아무르 강변의 배 타는 곳은 강변유원지 아래에 있었고 특별한 부두 시설은 없고 강변에 그대로 배에다 나무다리로 걸쳐 놓았다. 강변에는 많은 사람들이 나와 있고 아이들도 와서 물장난을 치고 있었고, 개들도 데리고 나와 물속에서 헤엄을 쳤다. 강수욕을 하는 중이었다. 강변 유원지에는 타는 놀이기구들이 많이 있었고 곳곳에 사람들이 먹고 마시고 떠들며 즐기고 있었다. 오늘이 토요일이고 내일이 일요일이라 그들도 한 주 동안의 일을 쉬고 휴식을 취하고 있는 중이었다. 젊은 여자들은 멋있는 옷을 차려입고 남자들을 데리고 다닌다.

미국이나 유럽의 어느 도시에 와 있는 것과 똑같은 모습이었다. 배를 타기 위해 땡볕 아래에 4줄로 길게 서 있는데 탈 배는 비어 있고 물가에 대기하고 있었으나 아직 사람들을 태우지 않고 있었다. 선원들하고 요금 때문에 이야기를 하고 있다. 단체로 하면 싸게 할 수 있을 텐데, 아직 뱃삯에 대해 딱 정해 놓고 규정대로 받지 않는 모양이다. 그저 적당히 돈을 받는 모양이다.

한참을 기다린 후에 우리 대원들이 먼저 배를 타게 되었다. 배 위층으로 올라가니 의자가 쫙 깔려 있었다. 한 의자에 2, 3명씩 앉았다. 젊은이들이라 서로 몰려서 사진 찍고 소리 지르며 분주하게 돌아다닌다. 여러 포즈를 취하고서 사진을 찍는다. 러시아 젊은이들은 술과 음식을 시켜다가 파티를 여는 모양이다. 아래층은 원래 파티용으로 꾸며 놓았고 특히 밤에는 분위기 있게 즐기도록 잘 꾸며 놓았다. 강물에 배를 띄워 놓고 로맨틱하게 놀고 있었다. 차려진 음식도 고급스러워 보이고 좋은 술을 가져다 마신다.

우리 팀은 그저 하나씩 받은 물만 마시고 있다. 한참 있다가 배가 강변을 떠나 강 중심으로 나가려 하였다. 강물은 세게 흐르고 강폭이 넓고 건너편이 아득하게 보였다. 서울의 한강보다는 몇 배 강폭이 넓어 보였다. 이 아무르강은 중국에서는 흑룡강이라 부르는데 강 물색이 바닥이 시꺼멓게 비치고 강이 상류로부터 꾸불꾸불 흘러온 것을 마치 용의 모습과 같다 하여 그렇게 부른다고 했다. 강 건너 중국쪽은 아직 보이지 않았고 강을 따라 배는 서서히 나아가고 있다. 배가 매우 빨리 나가고 주위가 배 뒤편으로 사라지고 있었다. 멀리 러시아 쪽 강변에는 사람들이 많이 다니는 것이 보이고, 높은 언덕에는 멋진 집들이 많이 들어서 있고 지금도 공사 중인 부자 동네라고 했다. 이 아무르강은 겨울에는 두껍게 얼어 그 위로 차가 다닐 수도 있다고 하였다. 멀리 철교가 강을 가로질러 서 있는 것이 보였다. 가까이 가서 보니 철재로 단단하게 만들어진 다리인데 교각은 시멘트로 만들어져 있었다. 철교를 지나 얼마를 가던 배가 크게 한 바퀴를 돌아서 다시 오던 방향으로 되돌아갔다. 멀리 나무를 잘라서 배에 가득 쌓아 두고 있었는데 이렇게 나무에 비를 맞히고 해를 쪼여 강하게 만들어 외국에 내다 판다고 하였다.

이 나무들은 한국에도 수출하고 있는데, 이 벌목을 하는 곳에는 북한에서 온 노동자들도 있어 이들이 가끔 눈에 띄고 이곳 한국인들이 말을 걸어 볼 때도 있다고 한다. 그들이 본국을 떠나 다소 자유롭게 지내고 있으나 가끔 이들이 탈출해서 한국에도 들어오고 있다고도 했다.

밤 10시인데도 아직 날은 완전히 어두워지지 않았다. 배 옆에는 날벌레 떼가 빽빽하게 날아들어서 따라왔다. 꼭 메뚜기 새끼처럼 생긴 것들이 사람에게는 오지 않고 배 쪽으로만 따라왔다. 이윽고 우리가 출발했던 강변이 보이고 대원들은 마지막이라 생각되는지 온통 사진들을 찍느라 정신들이 없는 듯하였다. 배가 강변에 닿았다. 어두운데 아직 많은 사람들이 배를 타려고 기다리고 있었다. 밤의 낭만을 즐기려는 데이트족들이다. 뱃속에서 먹고 마시고 춤도 추며 파티를 할 모양이다. 강변 공원에는 어둠 속에서도 많은 사람들이 불에 뭘 구워서 먹고 술도 마시며 떠들고들 있었다. 강변공원 위쪽으로는 큰 광장이 있었고 동상들이 서 있었다. 러시아 정교회 건물이 잘 지어져 모습을 뽐내고 있었다. 동상에는 러시아혁명을 나타내는 여러 사람들의 형상을 보여주고 있었다. 어두워졌는데도 아직 가로등이 켜지지 않았다. 길거리를 따라가면서 구경을 좀 하기로 하였다. 밤인데도 사람들은 많이 돌아다닌다. 길가 음식점 앞에는 간이 의자에 앉아서 먹고 마시는 젊은 사람들이 많았다. 콜라를 파는 가게도 있었고 시내 중심가는 인도에 보도블록을 잘 깔아 놓았고 가로등도 교체해서 멋있게 설치해 놓았다. 도시의 건물이 크고 네온사인을 이용하여 예쁘게 꾸며 놓은 건물도 많았다. 시청 앞 광장에는 과거 소련시대의 당본부 건물이 크게 자리 잡고 있었고 광장 한가운데 큰 분수대가 조명을 받아서 아름답게 물을 뿜어 올리고 있었다. 큰 분수대 옆에는 조그만 분수대도 잘 만들어진 모습이었고 이런 것들이 광장의 변두리에도 여러 개 있었다.

많은 사람들이 몰려다녔고, 우리도 단체 사진을 찍었고 또 끼리끼리 사진을 많이 찍었다. 구소련 시절에 비하여 인민들이 자유로워지고 활기가 차고 생을 즐기려는 모습이 역력해 보인다.

다시 버스를 타고 숙소로 돌아가고 있는데 내가 앉은 앞쪽에 있던 우리 여자 대원 한 명이 갑자기 고함을 질렀다. 어떤 러시아 남자가 다가와서 가방을 열고 뭘 꺼내려 했다고 하였다. 가만 보니 소매치기가 아닌가 생각되었다. 외국인들이 여러 사람 탄 복잡한 버스 안에서 소매치기를 하는 것 같았다. 다행히 사전에 발각되어 피해를 보지 않게 되었다. 숙소인 임 목사댁 앞에 늦게 내려서 전등이 깨어져 불도 들어 오지 않은 그 아파트 입구로 들어섰다. 오늘 하루를 마감하고 내일은 한국으로 돌아가야 한다. 나머지 대원들은 불라디보스톡까지 가서 그곳 구경을 좀 더 하고 다시 이곳으로 돌아와서 뒤늦게 한국으로 돌아올 것이라 했다. 나와 김 총무는 내일 낮에 출국하게 된다.

7월 7일

아침에 일찍 일어나 식사를 했다. 오늘은 한국으로 돌아가야 하는 날이다. 공항은 30분 거리에 있었고 다소 시간 여유가 있어 이곳 러시아의 시장 구경을 하기로 했다.

시장 입구에 차를 세워 놓고서 시장이라고 글씨가 붙은 곳으로 들어가려는데 입장세를 받고 있었다. 돈 받는 사람들이 서 있다가 돈을 받았다. 시장의 관리를 위해 돈을 받는 모양이다. 시장 들어가는 문 옆에 어떤 남자가 아코디언을 켜면서 노래를 부르고 있었다. 지나가는 사람들이 돈을 내놓고 간다. 그래도 자신의 노력을 들이면서 돈을 받고 있는 것이었다. 시장 귀퉁이에는 바짝 마른 노파가 구걸하면서 앉아 있었고 내가 1달러짜리를 꺼내주니 갑자기 어린 아이 거지 하나가 와서는 자기에게는 왜 돈을 안 주고 노인거지에게만 돈을 주냐고 인상을 써 보였다. 시장 안은 구획을 지어서 상품별로 진열해 놓고 있었다. 중국 사람들이 중국 물건을 많이 가져다 놓고 팔고 있었다. 그중에는 조선족도 있었다. 중국이 공산품을 많이 생산하여 질은 떨어지지만 싸게 팔고 또 상인들에게 외상으로도 물건을 대주니 러시아 사람들은 이들과 경쟁할 수는 없다고 하였다. 러시아는 아직 생활소비재의 생산이 빈약하고 외국의 물건들이 많이 들어와 있었다.

구소련 시절에 각 위성국에서 생산되는 농산물이나 물건들을 거저 가져다 쓰고 그들은 전쟁물자나 우주선 만드는 데만 신경을 써온 결과이다. 이제 조금씩 생산시설이 가동되고 있는 것 같다. 땅이 넓고 자원이 많아 잘 개발하면 생산물이 대단히 증가될 것이었다.

이제 개인에게도 땅을 조금씩 분양해서 그곳에서 생산되는 농산물을 내다 팔 수 있게 하고 있었다. 그러나 대부분의 땅은 국가 소유이고 개인에게는 거의 주어지지 못하고 있었다. 시골에 다차라 하여 개인이 단지 경작만 할 수 있는 조그마한 텃밭을 가지고 있었다. 그래서 자기 집에서 필요한 농산물은 직접 키우고 있었다. 이 큰 땅에 사는 러시아 사람들에게 땅은 아직 많이 가지지 못하고 있었다.

시장의 물건들도 여러 가지였고 모피로 된 옷과 모자를 파는 곳을 둘러보았는데 모피모자는 800루불씩 하였다. 1달러가 25루불이니 32달러씩 하는 셈이다. 러시아 노동자월급이 1,000루불 정도이니 월급의 80%에 해당된다. 비행기 시간에 맞춰서 서둘러 시장을 둘러보고 차를 타러 나갔다.

공항에 들어가니 많은 사람들이 줄을 서서 기다리고 있었다. 우리가 탈 달라비아항공의 여객 카운터에 가서 여권과 예약표를 주니 좌석을 지정해 주었다. 이번에는 올 때와 다른 비행기를 탈 수 있어야 하겠다. 구내매점에는 물건을 조금씩 진열해 놓고 있었다. 기념품으로 러시아의 나무 인형, 러시아 우표, 러시아 돈, 도자기 등이다. 나도 도자기, 우표, 동전과 김 총무에게 줄 나무 인형을 구입했다.

이윽고 여권을 내밀고 심사대를 통과하게 되었는데 여자 근무원이 한참 보더니 여권에 도장을 찍어 주는데 얼굴에는 웃음이 들 듯 말 듯 묘한 표정을 지었다. 역시 딱딱한 모습이 좋은 인상은 주지 못하고 있었다. 짐 검색대를 통과하여 문을 열고 들어가니, 많은 사람들이 대기의자에 앉아서 비행기를 기다리고 있었다. 약간의 고린내 비슷한 냄새가 났었다. 이 러시아 사람들이 고기를 많이 구워 먹어 그런지, 냄새가 났는데, 김 총무는 이 냄새가 치즈 냄새라 하였다. 여하튼 각 나라는 특이한 냄새가 다 있게 마련인가 보다. 전번에 중국에 갔을 때에 맡은 콩기름 냄새 생각이 났었다. 비행기를 기다리는 동안에 간단한 식사와 마실 것을 파는 곳도 있었다. 또 면세점도 있었는데 상품 중에는 러시아의 유명한 술인 보드카도 있었는데, 꼭 한국의 소주같이 플라스틱병에도 넣어서 파는데 50도로 아주 독한 술이다. 그 외에 여러 가지 술도 있었고 수입한 양주도 갖다 놓았다. 수입한 화장품, 담배 등 많은 서양 명품들을 갖추고 있었다.

공항 건물 밖에 우리를 싣고 갈 공항버스가 도착했다. 오래된 낡은 차가 우리를 태우고 공항을 한참 돌아서 타고 갈 비행기 앞에 내려놓는다. 트랩을 올라가 비행기 안으로 들어갔다. 지난번 비행기보다는 좀 더 오래된 기종이나 기내가 좀 좋아 보였다.

젊은 여승무원들이 열심히 다니며 기내 서비스를 하였고 점심을 먹어 보니 괜찮은 편이다. 한국이나 구미의 항공 서비스를 많이 따라가는 중으로 보였다. 이렇게 서로 오가며 만나서는 대화도 하는 중에 이해하고 평화롭게 살 수 있어야 하겠다. 이런 시절이 진작 왔어야 서로 분쟁 없이 지낼 수 있었을 것이다.

하나님께서 어느 날 소련이라는 나라를 총 한 방 쏘지 않고서 무너뜨리신 것이었다. 인간의 모든 역사를 주관하시는 우리 하나님의 손안에서 인간이 살아가고 있는 것이다. 이제 하나님을 모르는 세계 다른 나라에도 복음이 들어가 그들에게 새로운 세상을 알 수 있게 해주어야 하겠다는 생각이다. 하나님 믿지 않은 나라는 이제 자유로이 믿고 하나님을 알 수 있어야 하겠다. 그리하여 우리 모두가 예수님 다시 오시는 그날을 대비해야겠다.

비행기는 어느덧 서해바다 위로 날고 있었다. 날씨가 흐리고 바다색이 회색빛이다. 비교적 부드럽게 인천공항 활주로에 랜딩하였다. 오늘은 일요일 오전이라 비행기에서 막 도착한 우리 일행 외에는 몇 군데서 도착한 비행기에서 승객들이 내렸으나, 공항은 전반적으로 조용한 편이었다. 김 총무는 함께 데리고 온 고려인 아가씨와 짐을 찾느라 기다리고 있었다. 나를 보고서 먼저 나가라고 하였다. 작별인사를 하고서 공항 청사 밖에서 서울 가는 직행버스를 타고서 곧장 서울로 향하였다. 드디어 첫 러시아 여행이 끝났다.

태국 의료선교 1차 봉사기(2004년 8월 9-14일)

8월 9일

외국에서 하는 의료봉사도 이미 수차례 경험이 있어 비교적 차분하게 그 전날 옷가지나 필요한 물건들을 챙겨서 여행백 안에 넣어 두었다. 태국은 무비자로 입국이 가능한 나라라 미리 따로 여권을 모아 가서 허락을 받지 않아도 되었고, 다만 비자 번호와 인적사항을 여행사에 주어 수속을 밟도록 했다.

태국은 아직 가 보지 못한 나라인데, 그 중에서도 미얀와와 접경지역인 제일 북쪽으로 가게 되었다. 미얀마의 카렌주와 같이 미얀마 정부에 반기를 들고 자치를 요구하는 지역민들이 태국으로 많이 넘어와서 국경을 넘어 접경지역에 자리 잡고 살고 있다. 그 중에는 빠동족이라고 목 전체에 둥그런 테를 많이 둘러서 목을 길게 만드는 종족도 있다. 잡지에서 사진을 본 적이 있다.

태국은 입헌군주가 있고 그 밑에 수상이 실제 통치를 하고 있어 나라가 비교적 안정되어 있는데, 한 번도 구미 열강의 식민지가 된 적이 없었고 그래서 대단한 자부심을 가지고 있는 나라다. 불교 신자가 95% 이상인 태국에 기독교인은 1% 이하이나 2,000명이 넘는 선교사들이 파송 나가 있다고 한다. 우리가 가는 지역에는 한국예수교 합동측에서 세운 선교훈련원이 있고, 그곳에는 고산족의 자녀들이 중고교과정에 다닐 수 있도록 숙식도 제공하고 있다. 돈을 소액 받기도 하지만 대부분 무료로 운영이 되고, 한국교회에서 도움을 주고 있다고 한다.

아침 5시경에 기상하여 밥을 조금 먹고 인천공항 가는 버스를 타려고 양재동으로 갔는데 지갑 속에 현금이 하나도 없었다. 교통승차권과 외환카드가 있으니 버스요금 때문에 별 문제가 없으리라 생각하여 승차하였더니 교통승차권에는 돈이 모자란다고 표시가 나오고 카드결제는 국민카드만 된단다. 할 수 없이 차를 타고 가다가 정류장에 가까운 현금지급기에서 돈을 인출해 내주든지 아니면 인천공항까지 가서 돈을 구해서 줄 수밖에 없었고 또 현금지급기는 오전 8시가 되어야 사용할 수 있다 하니 난감하였다.

아무튼 계속 차를 타고 인천공항까지 갔고 내 짐을 맡겨놓고 내려서 돈을 바꾸러 갔다. 80불을 태국 돈으로 바꾸고 나머지는 현금으로 받았는데 다소 시간이 걸렸다. 바삐 타고 온 버스가 있던 곳으로 가 보니 타고 온 버스가 보이지 않았다. 마침 같은 회사 버스가 들어오는 것이 보여 내가 짐 맡긴 이야기를 했더니, 무전이 왔다고 하고 자기 차를 타고 차고지까지 가자고 했다. 빙 돌아 차고지를 가니 내 짐이 있었다. 버스 사무실에 가서 차비를 지불하고 짐을 찾아 나가는 차를 얻어 타고 공항 쪽으로 움직였다. k구역 쪽으로 가니 총무 집사가 짐을 밀고 들어와 물건들을 부치려 하였다. 아직 다른 대원들은 오지 않았다고 하였다. 한두 명씩 대원들이 도착하고 있었다. 주었던 여권을 돌려받았고 대원들이 이야기를 나누고 김밥을 사와서 아침식사를 못한 사람들을 먹게 해주었다. 매실 탄 차를 갖고와서 마시게도 했다. 9시가 지나니 통관을 위해 줄을 서고 있었다. 이번 여름은 다른 해보다 공항이 덜 붐비는 편이라 하였다. 이전 같으면 더 길게 줄을 서고 북적거릴 텐데. 통관을 끝내고 난 후에 여자 대원들은 벌써 화장품 면세점으로들 가고 있었다. 화장품에 관심이 많은 여자들은 20% 싸게 면세가 되고 또 10% 가격을 할인해 준다니 안 살 이유가 없었을 것이다. 나도 수영 팬티가 있나 하여 둘러보았으나 마땅한 것이 없었다. 우리가 타고 갈 비행기는 타이항공 보잉기인데 각줄 10석으로 자리가 다 차 있었다.

한국에서 태국 가는 사람들이 많았다. 태국항공은 처음 타 봐서 스튜어디스의 복장이 특이하게 보였다. 앞가슴에 비스듬히 천을 둘러 멋을 내고 있었고 그중에는 한국인 여승무원도 있어 언어 소통에 지장 없게 해주었다. 기내식도 내용물이 여러 가지를 다 넣어 정성을 들여 만들었다. 이쑤시개도 들어 있다. 점심식사를 했고, 태국은 한국보다 시차가 2시간 늦고 비행시간이 5시간여 걸리므로 우리는 타이 점심시간 전에 먹게 된다. 식사 후 잠을 청하고 눈을 붙이고 몇 시간 지났는데 비행기는 눈부신 흰 구름바다 위를 비행하고 있었다. 이윽고 방콕 국제공항 가까이에 가니 구름이 많이 몰려 있었고, 구름 사이 빈 곳으로 비행기가 내려간다. 구름층 밑에 또 구름이 낮게 드리워져 있었고 비가 와서 강에는 황토물이 가득하였고 무성하게 나무들이 잘 자라고 있었다.

비교적 부드럽게 활주로에 랜딩하였다. 역시 공항이 규모가 크고 잘 지어져 있었다. 국제공항에 걸맞게 활주로가 크고 많은 비행기들이 정박하고 있었다. 기내 방송에서 한국말로 '잊으신 물건 없이 안녕히 가세요.'라고 하였다. 선반에 넣은 여행 백을 꺼내고 그대로 좌석에서 일어나 앞 사람들을 따라 나왔다. 통로를 나와 통과 여객을 위한 대기지역으로 가는 도중, 갑자기 내 뒷주머니에 항상 넣어 다니던 지갑이 없어진 듯하여 확인해 보니 지갑이 없었다. 앞주머니에도 없는 것이 아마 아까 비행기 좌석에 떨어뜨리고 나온 것 같았다. 호주머니의 단추도 열린 듯했는데, 누가 내 뒤를 따라오다 뒤 호주머니에서 지갑을 슬쩍 빼갔는지도 모르겠다. 갑자기 난감한 생각이 온몸에 덮쳐 왔다. 중요한 것은 외환비자 카드인데 분실하여 다른 사람이 사용하였을 때 크게 손해를 볼 수 있다는 사실이었다. 빨리 한국 외한은행에 전화해서 거래정지를 요청해야 한다는 생각뿐이었다.

우리 봉사팀의 총무 집사에게 사정을 이야기하니 같이 따라오면서 항공사 카운터에 가서 지갑을 비행기 속에서 분실했다고 말하였고, 지금 그 비행기가 청소 중이니 기내에 지갑이 떨어져 있는지 확인해달라고 했으나 확인한 바, 지갑은 없었다고 하였다. 점차 앞이 더 막막하였다.

우선 카드 거래 정지라도 시켜야 하였다. 국제전화를 걸자면 전화카드를 가지고 해야 하는데 위층으로 올라가서 우체국에서 구입해야 하였다. 총무 집사와 치과 이 선생 큰딸이 같이 가주었고 우체국에서 전화카드를 구입하여 한국 외환은행의 번호를 눌렀으나 다른 은행이 나왔다. 다시 외환은행으로 돌려 달라하니 한참 기다려야 한단다. 전화카드는 사용시간이 다 되니 통화가 끊어졌다. 다시 전화카드를 하나 사서 통화를 시도하나 다시 기다리란다. 계속 기다리다 또 전화가 끝난다. 할 수 없이 15분짜리 카드를 사서 한참 기다리니 드디어 연결되었고 담당자가 응답하였다. 비행기 안에서 외환카드를 분실하였다 하니 지난 7월 달 거래 이후 아직 거래가 없다고 하였다. 겨우 안심하고 일단 모든 거래정지를 신청하였고 한국에 가서 재신청을 하기로 하였다. 수십 분 동안 마음고생을 하였다가 겨우 한숨 돌리게 되었다. 같이 있어 준 총무와 이 선생 큰딸에게 감사의 마음이 들었고 그들이 귀하게 여겨졌다.

겨우 일을 끝내고 아래층으로 내려와 혹시 지갑을 발견했는지 문의하고자 하였으나 항공사 카운터에는 사무원들이 안 보였다. 우리 팀원들이 있는 곳으로 오니 다들 걱정스러운 표정을 하고서 나를 위로해 주었다. 생각지 않은 위로를 받게 되어 다소 계면쩍기도 하였다. 아무튼 한 대원이 어려움에 처한 것을 다 같이 걱정해 주는 그 마음씨들이 고마웠다. 여러 해 동안 같이 국내외 진료를 다니면서 서로 간에 형성된 동지애의 표현이라고 생각되었다.

지루한 대기시간 동안 면세점에도 들러 물건들을 돌아보니 여러 가지 좋은 물건들을 많이 가져다 놓았다. 명품 브랜드가 많았고 타이적인 것도 있었다. 타일랜드는 일찍부터 관광산업이 발달하여 많은 외국 관광객을 유치하고 무비자 입국도 수개월씩 허락하고 관광개발로 많은 수익을 얻고 있다고 하였다. 세계 각국에서 관광객이 몰려오고 서양사람들도 많이 오고 있었다.

월남전 당시에 미국 군인들이 휴양차 태국을 많이 찾아왔고 그들을 상대하던 직업여성들이 에이즈에 많이 감염되었고 그 결과 내국인들에게도 전염되어 100만 명 이상의 에이즈환자가 생겨 큰 국가적인 문제가 되었다. 아직도 그 문제가 다 해결되지 않고 있는 상태인 것을 알고 있다. 점잖은 불교국가에서 국가 위신도 말이 아니다. 출발시간이 다 되어 국내선 탑승실로 가니 다소 좁았고 많은 사람들이 앉아서 비행기 탑승을 기다리고 있었다. 해양 휴양지인 푸켓으로 가는 사람들이 있었고 그중에는 한국, 대만 승객들도 있어 보이고 외국인들도 있었다. 치앙마이 옛날 고도로 같이 갈 승객들이 있었고 우리는 치앙라이로 먼저 가게 되고 한참을 기다려서 환승차를 타고 공항내를 빙빙 돌아 타이항공 국내선 여객기를 타게 되었다. 비행기 뒷문으로 탔는데 휘발유 타는 냄새가 비행기 안에도 들어온다. 두 명의 스튜어디스가 손님을 맞이하고 있었다. 비행기 좌석은 6줄로 국제선 비행기보다 다소 작은 보잉기였고, 저녁식사로 도시락을 하나씩 주었다. 햄버거같이 빵 속에 소시지가 든 것과 소량의 샐러드가 나왔다. 허기를 면할 정도의 양이다. 그러나 포크, 나이프, 이쑤시개도 다 들어 있었다.

1시간여 비행하는 사이에 치앙라이에 가까워지고 있었다. 땅 위의 불빛들이 눈에 많이 들어 왔고 상당히 큰 도시로 생각되었다. 이윽고 치앙라이 공항에 착륙하였고 우리 일행은 태국 입국 심사를 이곳에서 받게 되었다.

통관대의 담당자가 웃으며 우리를 대해 주었고, 3개월간의 체류 허가를 내주었다. 상당한 경험이 있어 보이는 모습이었다. 아직도 무표정한 우리나라 출입국 관리들에 비해 표정 관리를 잘하고 있는 셈이었다. 이런 면에서만 볼 때 태국은 우리나라보다 선진국에 속한다. 세관원들도 우리 화물들을 쉽사리 내보내 주었다. 공항 앞에는 우리를 싣고 갈 차들이 와 있었다. 모두가 다 일제 차들이다. 도요다, 마쯔다, 켐리도 보이고 트럭은 거의 다 도요타제였다. 차를 타보니 의자가 잘 갖춰져 있었고 물 먹는 컵도 다 있었다. 관광국다워 보였다. 비가 좀 오고 있었다. 이곳에 우기가 지나갔는데 요사이 기상이변으로 1주째 비가 오고 있다고 한다. 다소 후덥지근하지만 그런대로 지낼 만하였다. 모기 몇 마리가 달려들었다. 벌써 사람냄새를 맡고 온 모양이다. 출발 전 말라리아 예방약 한 알을 먹었고, 매주마다 한 알씩 3번을 더 복용하여야 했다.

차는 비 오는 길을 달린다. 차는 좌측통행을 하고 있다. 이곳은 영국의 영향을 받았는지 차가 좌측통행을 하고 있다. 일제 차는 좌측통행에 맞게 운전석이 우측에 달린 상태이니 그대로 이 나라에서 운행이 가능하다. 우리가 도착한 곳은 이 지역에서 유일한 리조트인데 방콕사람 소유이고 단체 손님을 받아 관리인이 바쁘다. 비는 오고 있는데 나하고 박 원장이 함께 숙소를 배정받아 나갔다. 마침 박 원장이 우산을 갖고 와서 같이 쓰고 나갔다. 이 리조트는 언덕에 세워졌는데 문짝의 손잡이가 고장이 나서 문이 잠가지지 않았고 방안에 들어가니 곰팡이냄새가 코를 찌른다. 습기 찬 방을 자주 환기를 시키지 않은 결과이다. 방안에는 침대가 두 개 놓였고 메이킹이 되어 있었다.

짐을 내려놓고 샤워를 하고 나니 몸이 개운해졌다. 샤워기는 한국과 같았고 수세식 변기가 있었다. 내가 코를 골기 때문에 박 원장이 먼저 자도록 하고 나는 일기를 썼다.

박 원장도 자면서 코를 많이 골고 있다. 피곤한 모양이다. 나는 잠을 깊이 못 자고 누워서 뒤척였다. 장소가 바뀌어서 그런지 잠이 잘 오지 않았다. 빗소리도 들리고 있다. 아침 6시 반까지 식당으로 모이기로 하였다. 저녁에 보니 잃어버린 줄 알았던 지갑이 여행빽안에 있어서 깜작 놀랐다. 나를 힘들게 하였던 바로 그 지갑이 그곳에 있었던 것이다. 그곳에 넣어 놓은 것을 모르고 분실한 것으로 여기고 있었으니! 출국수속에 긴장한 결과 그곳에 넣어 놓은 것을 기억하지 못했던 것 같다.

8월 10일

지난밤 늦도록 깊은 잠을 자지 못해 아침에 일어났지만 머리가 맑지 못했다. 내가 밤에 코를 심하게 골까 하여 박 원장에게 코를 골면 나를 깨우라고 해 놓고서는 잠을 깊이 들지 못했는데, 내가 코를 심하게 골았는지 박 원장이 나를 깨웠던 것이다. 박 원장도 피곤한지 다시 잠을 자면서 코를 곤다. 화장실은 세면기와 화장기가 잘 갖춰져 있었다. 갓 꺼내 온 안전면도기로 면도를 하니 개운하였다. 방문이 잘 잠기지 않아 여자들 방에 짐을 맡겼다.

내가 거의 먼저 식당에 도착한 셈인데 앉아서 어제 못다 쓴 일기를 쓰고 있으니 사람들이 한 둘씩 들어 왔다.

아침 경건회가 시작되었고 훈련원장 목사의 설교가 있었고, 내가 지갑을 찾았다고 하니 대원들이 야단들이었다. 아침 식사는 양식으로 간단히 나왔다. 아직 태국 음식답게 먹지는 못하고 있다. 간단히 아침식사를 하고 나서 오늘의 봉사지인 가나안 훈련원으로 향하였다. 아침 공기를 가르며 우리를 태운 승용차는 길 좌측으로 달려나갔다.

훈련원은 크게 자리를 잡았고 열대식물들이 잘 자라고 있었다. 가운데 건물은 성전처럼 잘 지었고 학생들의 기숙사도 붙어 있는데 성전안은 매끈한 타일로 깔아 놓았다. 성전 안에 각기 진료할 장소를 잡고서 진료 준비를 했다.

진료는 기숙하고 있는 고산족 학생들부터 시작했다. 다소 까만 얼굴의 순진한 모습을 한 아이들이 많이 보였다. 현재 60여 명의 학생들이 이곳에서 숙식하고 있고 그 부모들은 고산지대에서 주로 화전을 일구면서 힘들게 살고 있다고 했다. 이 지역에는 이렇게 고산족 아이들을 맡아서 숙식시키고 학교에 보내는 기독교인들이 세운 시설들이 상당수 있다고 하였다. 대부분 실비만 소액 받고 아이들을 봐 주고 있다고 하였다. 핍박받고 있는 미얀마사람들이 태국으로 넘어와서 하나님을 받아들이고 이들을 통해 앞으로 하나님께서 하실 큰 일이 있으리라고 생각되었다. 이들을 보살피는 원장목사와 사모가 전심으로 그들을 친자녀와 같이 돌봐 주고 있는 모습이 보기 좋았다. 이국 먼 땅에서 하나님 나라를 넓히기 위해 노력하는 주님의 종들을 볼 수 있는 것이 참으로 감격스러웠다.

오전 진료 후 점심식사에는 여러 가지 과일들이 나왔는데 두리안도 있었고 비교적 냄새가 덜 하고 단맛이 아주 좋았다. 바닥 깔아놓은 곳에서 잠시 눈을 붙이는데 진료받으려 따라온 아이들이 드럼을 치고 시끄럽게 군다. 잠을 잘 수가 없다. '잠 좀 자자.'고 말한 후 다시 잠을 청해 보았다. 얼마 지나니 진료 돕는 여집사가 환자가 와 있다면서 찾아왔다. 환자를 보고 있으니 다른 곳에서 진찰받으려 150명이 온다고 하였다. 은근히 힘들거라는 생각이 들었다. 그러나 가능한 다 진료를 해주어야 한다는 생각을 하였다.

유니폼을 입은 학생들이 계속 건물 안으로 들어왔다. 대부분 위장

장애, 감기, 피부소양증 등을 호소하였고 혈압이 낮아 두통, 어지러움과 피로감도 호소하였다. 대증처방과 건강관리에 대한 설명을 해주었다.

저녁식사도 같은 식당에서 먹었는데 밥과 국과 반찬 간단한 것으로 아주 빈약하였다. 같이 진료 온 한국 학생들은 반찬이 안 좋다고 밥을 잘 안 먹었다. 이런 식사마저 할 수 없는 사람들이 많이 있다는 사실을 그들이 아직 모르고 있고 배고픈 고생들을 해 보지 않아서 그런 모양이다. 늦게까지 미용 봉사하던 집사도 식사를 하게 되었다. 비가 조금씩 오는데 차를 타고 다시 리조트 숙소로 돌아오게 되었다. 오늘은 모기향을 피워 방안의 곰팡이냄새를 없애야겠다. 관리인에게서 성냥을 얻어 방 안에 모기향 두 개를 피웠다. 한 개는 불을 끄지 않았더니 너무 빨리 타서 바닥도 까맣게 타 버렸다. 닦아내도 탄 부분은 그대로이다. 다음 날 아침 방을 청소하는 사람이 보게 될 것이다. 방 서비스 팁으로 50바트를 책상 위에 얹어 놓았다. 태국은 사회제도를 영국식으로 확립하였고 구미처럼 팁제도를 잘 활용하고 있다. 팁을 꼭 주어야 이들이 그 돈으로 생활이 가능한 것이다. 또 손님에게 서비스도 더 잘하게 될 것이다. 오늘 밤은 모두 일찍이 잠을 자기 시작한다. 두 사람이 다 일찍이 잠에 빠져들었다.

8월 11일

박 원장은 새벽어둠 속에서도 벌써 잠이 깨어서 화장실에 들어간다. 나는 좀 더 누워있다가 박 원장이 일을 다 보고 나서 화장실에 들어가 용변을 봤다. 상쾌한 기분이 들었다.

오늘은 다소 떨어진 파야호 지역에 있는 신학교에 가서 무료진료를 하기로 하였다. 오늘 이 리조트를 떠나게 되어 짐을 싸 들고 나왔다. 아침 7시가 되니 모든 대원들이 다 모였다. 찬미와 기도 그리고 훈련원 원장목사의 설교가 있었다. 감명 깊은 설교였다. 이 원장목사는 한국 강릉 지역에서 목회를 하다가 하나님의 부르심을 받아 이 태국 땅에서 12년 이상 훈련원을 세우고 고산족 아이들을 맡아서 봐주면서 복음을 전하고 있었다. 말씀에 확신이 차 있고 두려움이 없이 씩씩하였다. 교인들에게도 많은 도움을 주고 있으며 대체의학적인 처치도 해주고. 순교자적인 신념으로 사역을 하고 있는 분이었다.

원장목사에게 여러 가지로 배울 것들이 많이 있었다. 예배 후 어제 아침과 똑같은 음식을 먹었다. 모두 짐을 싸들고 나오라고 했다. 여럿이 사진도 찍었다. 2박3일 신세 진 리조트를 떠나기 전 전체가 다 모여서 사진을 찍었다. 리조트 건너편에는 멋진 서구식 집들이 여러 채 있었는데 시간이 되면 한번 구경하면 좋을 것이라고 했으나 시간이 없었다.

빌린 차들에 분승하여 오늘의 목적지인 파야호의 신학교로 차가 달려갔다. 길은 곧 포장된 도로를 달리고 다시 왕복 2차선의 큰길로 들어섰다. 방콕까지 연결되는 700km의 고속도로가 잘 건설되어 있었다. 타이는 외국 자본까지 도입하여 기간시설을 잘 정비해 놓았고 관광에 불편하지 않게 해 놓았다. 치앙라이를 지나 치앙마이 쪽으로 가다가 파야호 쪽으로 갔다.

가다가 보니 큰 호수가 보인다. 어떤 사람은 그것이 콰이강일 거라고 하다가 나중에 파야호 호수인 것을 알고는 계면쩍어하였다. 이 호수에서 물고기를 잡아서 식탁을 풍성하게 만들어 주는 모양이었다.

차는 시내를 한참 돌더니 파야호신학교라고 간판이 걸린 건물 입구로 들어갔다. 들어가는 주위는 온통 과일나무숲을 이루었고 여러 종류의 과일들이 열려 있었다. 이 신학원은 영국, 독일, 미국 등의 선교기관에서 세운 태국 최초, 최고의 기독교 신학교로 시설이 잘 되어 있고 규칙도 대단히 엄격해서 수학하는 학생들이 따라가기가 힘든 곳이라 하였다. 학장은 태국인이고 영국인 선생이나 한국인 선생도 있었다. 여기도 고산족 청년들을 입학시켜서 신학을 공부하게 하고 있었다

우리가 들어가니 학생들이 강당에 정렬해서 앉아 있었다. 학생들 일부는 진찰 장소를 드나들면서 도와주는데 오늘은 우리 팀의 진료를 받기 위해 하루를 쉬는 중이라 하였다.

신학생들은 학교 성적이 잘 안 나와 자신이 낙제해서 떨어져 나갈까 하는 걱정으로 스트레스를 많이 받아 생긴 두통과 복통을 많이 호소하였다. 또 혈압이 낮아 어지럽고 힘이 없다 하였다. 공부를 열심히 하고 신앙심이 좋으면 대부분 경제적 부담이 없이 학업을 끝낼 수 있다고 하였다. 시설과 장비가 아주 잘 구비되어 있었고, 20년 정도 된 학교로 자리가 잘 잡혀 있었다.

오전 진료가 힘들게 끝나갔다. 아직도 진찰받을 학생들이 많았는데 우선 12시경 진료를 끝내고 점심식사를 하고서 다시 시작하기로 하였다. 식사는 학교 식당에 차려 놓았는데 깔끔하고 맛깔스럽게 만들어 놓았다. 채소를 데워서 쌀밥과 함께 먹도록 하였는데 반찬도 맛있었다. 고기도 조금씩 들어 있었고 한국에서 먹어 본 리지와 비슷하게 생긴 과일이 많이 나왔다. 껍질을 까니 육질이 희고 먹으니 달콤하였다. 또 망고도 나왔다. 식사후 학교 옥상에 올라가서 보니 파야호 호수가 잘 내려다 보였다. 좋은 위치에 학교터를 잡은 것을 다시 한번 느낄 수 있었다. 컴퓨터 실습실도 있었고 컴퓨터가 수십 대 있었다. 도서관에 책도 많이 비치되어 있었고, 근무하는 사서는 대단히 인상이 좋아 보였다.

다시 오후 진료를 시작하였고 신학생들뿐 아니라 마을 사람들도 와서 진찰을 받았다. 학교에서 주민들에게 안내해서 찾아온 사람들이다. 아저씨. 아주머니들도 많은 분들이 와서 진찰을 받았다. 몸은 피곤하고 힘이 드나 마음은 그래도 괜찮은 편이었다. 그들에게 조금이라도 도움을 줄 수 있으면 하였다.

저녁식사도 같은 식당에서 먹게 되었는데, 음식을 아주 잘 차려 놓았다. 요리사가 전문적으로 학생들을 데리고 요리를 한단다. 아이들과 처가 딸린 신학생 가족들도 같이 와서 식당 가득히 함께 식사를 하고 있었다. 전국에서 오는 신학생들이 가족과 함께 와서 숙식을 하고 있었다. 가족 중에도 진찰받은 사람들이 많이 있었다. 이들이 신학교를 마치고 앞으로 하나님의 사람들이 되어 하나님 나라의 완성에 동참하기를 바라는 마음이었다. 태국 북부에 이런 학교를 건립하게 하시고, 또 미얀마가 민주화되어 이들이 조국으로 돌아가서 하나님 나라를 건설할 수 있어야 하겠고 또 주위의 캄보디아나 라오스와 같은 나라에도 기독교 신앙을 전할 수 있어야 할 것이다.

우리 일행은 저녁 식사를 맛있게 하고 나서 치앙라이 쪽으로 되돌아와서 시내의 번화가를 지나 시내의 한 호텔로 오게 되었다. 큰 호텔이라기보다 모텔급 정도이었으나 비교적 깨끗하였다.

내가 배정받은 방은 3층에 있었는데 엘리베이터도 없이 3층까지 짐을 가지고 걸어서 올라가야 했다. 지난번 중국 길림성에 숙박했을 때 3층까지 짐을 가지고 힘들게 올라갔던 기억이 나서 다소 쓴웃음이 났다. 방안에는 침대가 두 개 있었고 냉방도 되었다. 화장실 샤워꼭지는 미국처럼 벽에 고정되어 있었다. 그러나 비데가 달려 뒤처리를 하는 데는 지장이 없었다. 곰팡이냄새가 다소 나기 때문에 모기향 한 개를 피웠다. 몸을 간단히 씻고 나니 아직 초저녁이라 밖이 궁금하기도 하여서 모두 밖으로 나와 시내 구경을 나갔다. 나도 그들을 따라 나왔다가 전화카드를 구해서 아들들 유학을 위해 미국에 가 있는 처와 통화를 했다. 태국 와서 처음으로 한 통화였다.

아내는 며칠간 연락이 없어 걱정이 들었다고 하였다. 무소식이 희소식이라고 하지만 막상 연락이 없으면 궁금하고 불안해지는 것은 매일반이다. 비가 와서 야시장은 못 가고 되돌아오다 콩국물 끓인 것 한잔 사서 먹으니 고소한 맛이 좋았다. 편의점에 들러 음료수와 과자, 아이스케이크 등을 샀다. 모두 220바트란다. 우리 돈으로는 30곱 하면 6,600원 정도이다. 우리나라보다 물가가 1/10정도로 싼 편이었다.

다시 호텔로 돌아와 로비에서 이야기들 하면서 음식을 나눠 먹고서 방에 들어갔다. 잠을 그런대로 자긴 했는데 같이 있는 박 원장은 잠을 깊이 못 잤다 하였다. 낮에 커피를 2잔 먹었고 초콜릿 든 아이스케이크를 먹은 때문인 것 같았다.

아침에 일어나 양치하고 면도, 세수하고 화장실에 들어갔다가 나오니 7시 20분경, 아침 예배를 보기 위해 7시 30분에 301호실에 갔더니 모두가 다 모여 있었다. 역시 훈련원 원장목사께서 아침 설교를 하였다. 우리 대원들에게 그날의 할 일을 위한 영적 힘을 얻을 수 있게 해 주었다. 오늘 대표기도는 치과 선생이 힘차게 잘 하였다. 예배를 끝내고 호텔 앞에 있는 식당에서 아침 식사를 해결하기 위해서 들어가 보니 여러 가지 반찬에 밥을 먹는데, 우리에게는 두

가지 반찬만 선택하도록 하였다.

여기 태국 식당에서는 먹은 접시 수대로 계산한다고 하는데 매우 실용적인 방법이고 합리적이다. 한국에서는 사람 머리 수대로 계산을 하고 한 사람이 여러 번 갖다 먹어도 되는데, 고급음식점의 셈하는 방법과는 전혀 다르다. 이것도 영국식 결산 방법인지 모르겠다. 따라온 아이들도 밥을 조금만 먹고 많이 남긴 아이도 있었다.

8월 12일

오늘은 다시 차를 타고 고산족 아이들을 수용하고 있는 베델공동체 시설로 진료를 가게 된다. 유아원, 초등학교, 중학교, 고등학교에 다니는 아이들을 수용하여 숙식을 제공하고 신앙교육도 시키고 있었다. 한국 선교사들도 여러 사람이 이런 사업을 하고 있다고 하였다. 한국 지방의 작은 교회에서도 이런 사업을 지원한다 했다. 서울의 큰 교회에서도 모두 이런 사업을 하지는 못하는데 그들이 대단히 크게 돋보였다. 그들의 이런 사업에 조금이라도 도움이 될 수 있다면 우리도 보람을 느낄 수 있을 것이다.

차로 얼마 가지 않고 시설에 도착하였다. 조무래기 아이들, 중고 학생들이 보인다. 시설은 크지 않았으나 단단하고 예쁘게 만들어져 있었다. 닭도 놓아 기르고 거위도 키우고 있었다. 삽삽개 같이 까맣게 생긴 개도 보였다. 건물 아래층에 각 진료실을 차려 놓고 시설의

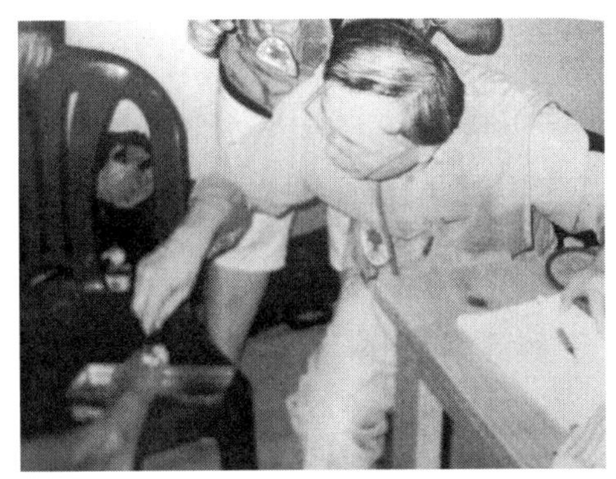
▲ 태국 고산족 마을에서 진료 중

아이들뿐 아니라 이 지역에 사는 고산족들도 같이 진료를 받게 했다. 아이들은 모기가 물어 가려워 긁어서 곪고 헌 곳이 많았다.(사진)

어른들은 위장장애, 고혈압, 당뇨병도 있었다. 당뇨병 때문에 누가 크게 고통을 당했는지 당뇨병 검사를 해달라는 사람들이 많았다. 가져간 혈당기를 십분 사용할 기회가 주어진 셈이었다. 그들 중 3명에게서 당뇨병이 새로 발견이 되었는데 매우 심했다. 전반적인 당뇨병에 대한 주의와 식이요법, 운동과 경구약을 투약하였고 계속 치료를 받도록 하였다.

오늘 내가 진료한 환자가 100명은 훨씬 더 되었다. 몸이 많이 피곤했다. 다른 한방이나 치과 진료하는 데도 사람들이 많이들 기다리고 있었다. 환자를 거의 다 진료하니 하늘이 흐려지고 갑자기 소나기가 쏟아졌다. 더운 열기를 식혀 줄 좋은 비였다. 열대지방도 이런 소낙비(스콜)가 내려 그런대로 지낼 만 하니 다행이다.

비가 그치기를 기다리는 데는 시간이 상당히 걸렸다. 그 사이에 나는 못다 쓴 지난 일기를 열심히 썼다. 내가 일기를 쓰는 것을 보고 한두 마디씩 대원들이 말을 해주었다.

저녁은 우리 팀에서 베델 공동체 사람들과 함께 시내 음식점에서 하기로 했는데 가서 보니 아주 큰 음식점이었고 우리는 그 집에서 제일 좋은 장소로 안내되었다. 에어컨이 시원하게 나오는 큰 방에 자리를 잘 준비해 놓았다. 처음 먹어 보는 태국식 정규 음식인데 물고기를 쪄서 불화로 위에 끓도록 해놓고 먹게 하였다. 또 해물을 끓여서 야자열매 통 속에 넣어서 먹도록 하였고 새우를 신선로에 넣어서 내놓았고, 생선을 튀겨서 주는데 소스로 나오는 고추가 든 양념은 너무 매워서 모두 야단이 났다. 열대지역은 맵게 먹어야 몸에 좋은 모양이다. 멕시코의 고추 음식, 인도의 겨자 음식도 다 그런 것 아닌가 싶었다. 밥은 쌀밥인데 찰기가 전혀 없었다. 이런 것이 더 고급식이고 한국 사람들이 좋아하는 찹쌀밥은 오히려 싫어하고 값이 싸서 가난한 사람들이 먹는다고 했다. 우리와는 정반대이다.

오늘은 태국의 시리키트 왕비의 생일이고 공휴일이며 4일간이 연휴라고 한다. 이날을 어머니날로 정해서 어머니를 모시고 온 가정들이 많았다. 가슴에 흰 꽃을 달고들 있었다. 왕비 덕분에 자식들도 효도하고, 여하튼 국민들이 왕가를 존경하고 사랑하는 이 나라 사람들에게서 그 이유를 알 만했다.

야시장에 갈 사람들은 호텔에 갔다가 다시 나가기로 한단다. 나와 박 원장은 피곤하고 또 내일 기회가 있을 것이라 생각하여 몸을 씻고서 방안에 들어앉았다. 방안에 웬 개미들이 많이 보였는데 어제 사다 놓은 과자의 단것을 찾아서 방에 들어와 있었다. 또 과자를 여행백 속에도 넣어 두었는데 가방을 여니 그 속에서도 개미가 무진장 쏟아져 나왔다. 온통 방안에 개미가 기어 다닌다. 여러 마리를 종이에 담아 방밖에 갖다 버렸다. 그래도 많이 남아서 방안을 돌아다닌다. 여러 번 갖다 버렸으나 아직도 다 없어진 것이 아니다. 내 몸에도 붙어 있었다. 먹고 살기 위해 이 땅에 개미들도 열심이다. 태국사람들은 좀 게으른 편이라고 말을 들었는데 개미는 다른 모양이다.

늦게까지 일기를 쓰고 있는 내 옆에는 박 원장이 잠을 자면서 몸을 뒤척이고 있었다. 내일도 오늘처럼 보람된 하루를 허락하시리라 믿으며 나도 잠을 청했다. 치앙라이의 밤이 깊어갔다.

8월 13일

잠을 잘 잔 것 같았고 박 원장이 나를 깨게 하였다. 내가 코를 골지 않았냐고 물어보니 새벽 4시 이후에 내 코를 고는 소리 때문에 잠을 깨서 그 이후 잘 자지 못하였다고 했다. 나 때문에 잠을 푹 자지 못했다니 미안한 생각이 들었다. 박 원장과 결별하고 다른 방에서 자는 것이 서로 좋을 것 같았다. 급하게 세면을 하고 301호로 가니 여러 사람들이 모여 있었다. 역시 훈련원장 목사님의 설교 말씀이 감명 깊었다. 오늘은 태국의 교회에 가서 태국사람들을 진료할 예정이다.

아침 식사는 태국 음식점에서 쌀국물과 내장탕을 먹었다. 다들 쌀죽이 짜다고 야단이고 다 먹지를 못하고 남기었다. 더운 지방이라 땀을 많이 흘려서 짜게 먹다 보니 우리 일행에게는 힘들었다. 나도 내장탕을 받았는데 돼지간, 콩팥, 선지가 들어 있었다. 향초는 냄새가 역하였고 우리나라 깻잎 비슷한 것이 들어 있었다. 아침 식사는 대개 20-30비트 정도이니 비교적 싼 편이었다.

식사 후 빌린 차로 한참을 달려서 갔다. 시골의 한적한 곳으로 달리기도 하였고 좀 큰길로 들어가기도 하는데 길에서 떨어진 곳에 큰 바위산이 몇 개 보였다. 우리나라 설악산 일부를 떼다 놓은 듯한 모습이었다.

한 바위산 앞에 보이는 큰 건물이 교회이다. 바로 길옆이라 교통이 좋았고 뒤에도 멋진 바위산이 보였다. 조그마한 시가지에 속해있었다. 교회 마당은 비가 와서 황토가 짓물러 차바퀴로 난 자국이 많았다. 사람들이 보이고 교회 안에는 많으 사람들이 많이 앉아 있다가 우리가 들어가니 신기한 듯 쳐다보았다.

다소 얼굴이 까맣게 그을린 시골 사람들이다. 전도사와 장로가 우리를 맞이하고서 환영의 표시를 하였다. 타이사람들은 타인과 처음 만날 때도 두손을 합장하고 정중히 인사를 한다. 불교적인 습관이 자연스럽게 배어 있는 결과이다. 예수님을 믿는 기독교인들도 마찬가지이다. 우리 일행도 두 손을 서로 잡고 인사를 하였고 각자가 소개를 받았다.

진찰 준비를 하면서 보니 교회 지붕이 높았으며 교회 내부가 상당히 크게 지어졌고 대형 선풍기를 천장에 곳곳에 달아 놓았다. 천장으로 더운 기가 그대로 들어온다. 밖이 매우 더워 선풍기를 틀어 놓았어도 더운 느낌은 더 심해졌다. 환자들은 나이 많은 어른들도 있었고, 대부분 성인들이었다(사진).

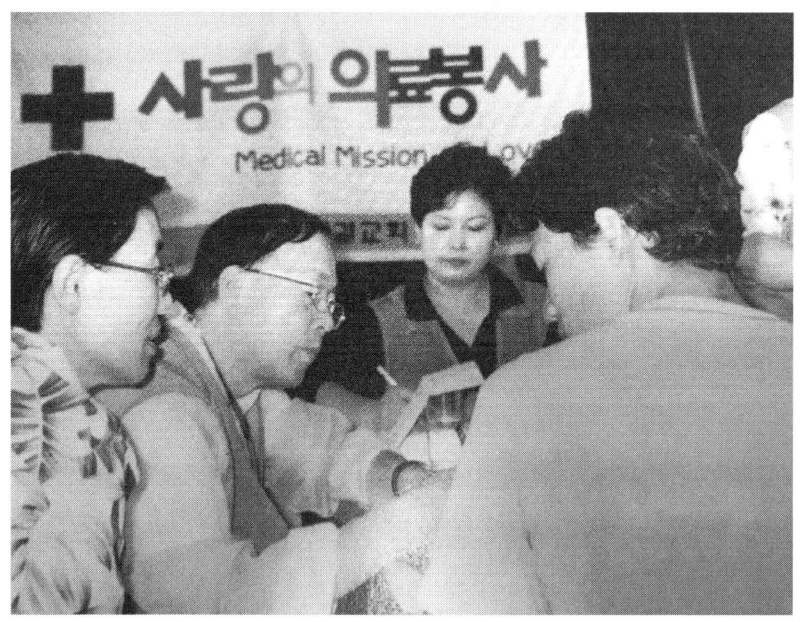

▲ 태국 의료봉사 중

갑자기 정전이 되고 선풍기가 멈췄다. 전기를 너무 한꺼번에 많이 사용하여 생긴 현상으로 보였다. 치과에서도 전기를 사용하는 치료기가 있고 한꺼번에 선풍기도 돌리기 때문이라 생각되었다. 다시 퓨즈를 갈아서 전기가 들어 오게 했다. 환자가 상당히 많았다. 역시 혈압이 낮고 피부에 병이 생긴 사람들이 많았고, 한 사람은 폐결핵이 심했었는지 흉곽에 개창술을 시행받았는데, 오늘 보건소에 가서 치료를 받았다고 했다. 결핵약을 먹고 있느냐니 아니라고 했다. 마침 가져온 결핵약 6개월 치를 다 싸서 주니 분량이 매우 많았고 환자는 아주 고마워하였다. 환자가 직접 구입하려면 많은 돈이 들 것이다. 결핵약을 잘 복용하도록 설명해 주었다. 또 다른 환자는 손을 벌벌 떨고 몸을 잘 가누지를 못하였다. 이 마을에서 이장까지 하던 남자로 매일 술을 먹고는 술중독이 된 이후 장애가 왔다고 했다. 같이 온 여자는 둘째 부인이라는데, 걱정하면서 잘 치료해 달라고 했다. 교회를 나가는지 물어보니 잘 나가지 않는다 하였다. 나는 하나님을 믿고 술을 끊고 몸 치료를 잘 하라고 했다. 뒤에 있던 우리 약 짓는 여집사가 손잡고 기도해 주면 더 좋겠다 하여 내가 환자의 손을 잡고 기도해 주었고, 또 이 교회의 전도사에게 앞으로 이 환자를 자주 심방하고 하나님을 통하여 치료받도록 해 달라고 하였다. 이 교회의 전도사는 과거에 사람을 죽이기까지 했던 사람인데, 지금은 하나님 믿는 사람으로 주의 종이 되어서 열심히 목회를 하고 있다고 하였다. 오전 진료를 끝내고 교회 건물 옆의 식당에서 식사를 하게 되었는데 음식을 정성껏 먹음직하게 차려 놓았다. 닭튀김, 홍당무 썰어 만든 샐러드, 고깃국과 과일도 있었다. 식사시간인데도 치과팀은 아직 오지 못하고 있었다. 환자가 많은 모양이다.

오늘 한방도 환자가 많았고 한의사 세 분이 환자를 진료했다. 두

분은 우리 진료팀에 계속 참가하던 분들이고 다른 한 분은 대구에서 개원하고 있는 분으로 친구 되는 조 원장 때문에 금번에 처음 참가했는데 어릴 때 소아마비로 장애가 심한데도 머리가 비상하여 학교수업도 잘 받았다고 하였다. 조 원장이 군대 가기 전까지 업어 주기도 하고 같이 수학할 때 자기 몸같이 보살펴 주었다 하였다. 서로의 우정이 대단히 깊어 보였다.

점심식사 후에 한방진찰하던 곳에서 시원하게 선풍기를 틀어 놓고 잠시 눈을 붙였다.

오후에 다시 진료를 하기 위해 에너지를 보충하였다. 오후 진료도 비교적 수월하게 끝내고 나서 이번 봉사의 마지막 시간에 미용봉사하는 집사님에게 내 머리를 좀 잘라 달라고 하였다. 귀 아래쪽만 손을 봐 달라고 하였다. 이미 여러차례 한국에서도 미용 봉사하는 여집사들에게 신세를 져 왔는데 오늘도 신세를 지게 되었다.

내 처가 미국에 주로 가 있는 이후로 이분들에게 내 머리를 깎아 왔는데 여의치 못한 경우에는 우리 아파트 안의 미용실로 갈 때도 있었다. 이제 진료도 다 끝나고 미용봉사도 끝나 짐을 싸서 떠나갈 때이다. 교회 마당에 모여 기념사진을 찍었다(사진).

사진을 찍은 후, 손에 손을 잡고서 마지막 이별의 정을 나누고는 우리는 차를 타고 치앙라이로 돌아갔다. 치앙라이 쇼핑몰에 갔는데 건물이 크고 물건들도 많이 가져다 놓았다. 앞쪽에도 백화점같이 점포들이 많이 있었는데 휴대폰, DVD, 오디오 테이프, 약품들이 있었

▲ 태국 의료봉사 후 교회 앞에서

다. 아래층에는 대형음식점이 있었고 우리는 MK 음식점에 들어가 자리를 잡았다. 다행히 좌석이 있어 미리 예약을 하지 않아도 되었다. 이 가게주인은 미국 하버드 대학을 졸업한 태국인인데 음식점을 미국식으로 만들어 종업원들이 각 구역에서 전적으로 서비스하게 하여 친절하고 신속한 접대를 하고 있었다. 음식은 한국의 샤브샤브 요리와 비슷한데 가지각색 음식재료를 끓는 물 속에 넣고 끓인 후 꺼내서 먹는 방식이다. 소고기, 새우, 국수, 어묵, 채소 등등 10여 가지는 들어간다. 다 끓여 먹고 남은 물은 밥에 계란을 넣고 볶아서 먹는데 기름까지 넣어 그 맛이 고소하고 좋았다.

식사 후에 한 40분 쇼핑하기로 하고 우리는 2층과 아래층도 한 바퀴 돌아보았다. 아래층에는 옷가게, 음식점, 장난감 가게, 책과 여자 장신구 등이 다양하게 있었다. 나도 뭐 살 것이 있나 하여 돌아 보았으나 아직 사고 싶은 것이 없었다.

한국에 가서 줄 선물들을 조금씩 구입해야 했다. 부피가 작고 너무 비싸지 않은 것으로 몇 개 구입할 예정이었다. 시간이 다 되어 모이기로 한 곳에 가보니 한 사람이 안 보인다. 아마 다른 차로 먼저 간 모양이다. 총무일 맡은 집사가 알고 있는지 모르겠다. 오늘 밤에는 일단 여관에 간 후 야시장 구경을 갈 생각으로 박 원장과 김 총무와 걸어서 큰길로 나와 야시장 쪽으로 향하였다.

그 전에 한방 선생 두 분은 삼륜차를 타고 가게 했다. 야시장 입구는 사람들로 붐비고 있었다. 여러 가지 물건들을 갖다 놓고서 팔고 있었다. 칠을 한 부처, 수 놓은 작은 지갑, 목각인형, 베로 만든 처녀총각 인형, 손으로 짠 타올, 전통 태국 옷 등 물건들이 아주 많았다. 외국인들도 상당히 보이고 많은 사람들이 흥정도 하며 왁자지껄 떠든다. 한참을 가니 넓은 터가 나왔고 그곳의 의자에는 젊은 사람들이 음식을 식탁에 많이 벌려 놓고 열심히 먹고 마시는 중이었다. 한쪽 끝에는 태국 여자들이 예쁜 옷을 입고 나와서 손동작도 요상하게 하면서 그 유명한 태국 춤을 추고 있었다. 영화에서 보던 그런 춤이다. 그 뒤에는 남자들이 악기를 연주하고 있었다. 부는 것도 있었고 활로 켜는 것은 우리나라의 해금과 비슷하게 생겼는데, 애처로운 소리를 내고 있었다.

이곳에는 앉을 자리를 음식점에서 마련해 놓고는 손님들이 공연을 보면서 즐기도록 해놓았다. 우리도 빈자리에 자리를 잡고는 종업원을 불러 마실 것을 주문하였다. 콜라를 신청한 사람도 있었고, 나는 파인에플주스를 시켰다. 내가 돈을 지불했는데 모두 20바트 밖에 되지 않았다. 멀리 우리 팀원들이 보여 불렀더니 가까이 와서는 우리가 마시는 것을 보기만 했다. 이제는 남자들이 악기를 연주했다. 우리도 이야기를 나누고 주위에도 많은 사람들이 둘러앉아 서로 먹고 이야기를 나누고 있었다. 주문받는 종업원들이 돌아다닌다. 그들의 의상에 줄무늬가 특이하였다. 어느 종족의 의상인가 싶었다.

어느덧 시간이 늦었고 우리는 일어나서 시장통 안으로 들어갔다. 몇 가지 물건값을 물어보고 작은 손지갑 2개를 80바트에 샀다. 90바트를 불렀으나 80바트밖에 없어 10바트를 깎았다. 다른 사람들은 태국 발마사지를 받으러 간단다. 어제도 마사지를 받아 좋았다고 했다. 나도 목과 어깨가 평소에 안 좋아 한국에서도 물리치료실 신세를 늘 지던 형편이었다. 오늘은 나도 마사지를 받고 싶은 생각이 들었다. 150바트정도인데 팁은 따로 100바트라 했다.

우리 일행이 마사지 집에 들어가니 여종업원들이 반겨준다. 마사지실은 2층이었고 아래층은 간단히 받을 사람들이 있었다. 신을 갈아신고 2층에 올라가니 천으로 칸을 여러 개 나누어 놓았다. 나는 처음 칸에 배정받고 지급된 옷을 갈아입고 있으니까 여종업원이 목 뒤, 어깨, 뒷등, 허리, 다리 쪽의 압통점을 꽉꽉 눌러 주었다. 의학적으로 말하면 통증 유발점이다. 열심히 눌러 주고 비벼 주었다. 시원한 감이 들었다. 태국에 관광 온 사람들이 많이들 마사지를 받는 모양이다. 옆집에서 마사지 받는 것이 시원하다고 옆 집으로 이동해간 사람들도 모두 이렇게 시원하게 마사지 받고 있는지 모르겠다. 우리 팀의 미용봉사 집사들은 하루 종일 서서 일하고 손, 발, 어깨를 무리하기 때문에 꼭 마사지를 받는 것이 좋겠고 이곳에도 한 사람이 마사지를 받고 있었다. 1시간 동안 마사지를 잘 받고 아래층으로 내려오니 우리 팀이 아직 다 끝나지 않고 마사지를 받고 있었다. 기다리지 말고 먼저 가란다.

옆집으로 간 사람들도 아직 다 끝나지 않은 모양이다. 혼자 길을 따라 여관으로 가게 되었다. 늦은 밤이었으나 아직도 사람들이 많이 보였다. 음식점, 술집도 보이고, 뒤쪽으로 돌아서 큰길로 나오니 바로 여관 앞이었다. 방에 들어가 손을 씻고 잠을 청했는데, 쉽게 잠이 들 것 같았다. 내일은 마지막 날로 주위에 관광을 갈 예정이다.

8월 14일

어젯밤 12시 늦게까지 태국 여자가수의 테이프를 들었는데 부드럽고 곡조도 괜찮았다. 이곳 치앙라이의 새벽이라는 제목의 노래도 있었다. 기타와 다른 악기들로 연주하였다.

아침 7시까지 여관 로비에서 모두 만나기로 한 생각이 났다. 세수하고 짐을 챙겨 놓고 로비에 나가 보니 전부 짐을 가지고 나와서는 미리 공항으로 가져간다고 했다. 다시 방에 들어가 짐을 가지고 나왔다. 뭐 남긴 것은 없는지 한번 둘러 보았다. 나중에 보니 화장실에 양말 한 켤레 빨아 널어놓은 것을 잊고 나왔다. 태국에 남긴 나의 선물이 된 셈이였다.

아침 식사는 우리가 오늘 가기로 한 골든트라이앵글 지역에서 하기로 하고 빌린 차들을 타고 치앙라이 시가지를 빠져나갔다. 아직 시가지는 크게 붐비지는 않고 있었다. 시가지 간판이 태국글로 써진 것이 이국 생각을 나게 했다. 가다가 조 원장 부인은 속이 좋지 않은지, 먹은 호박죽이 부담이 되었는지 차가 흔들거리니 먹은 호박죽을 그대로 비닐봉지에 토해 놓는다. 차를 길가에 멈추고서 길옆에 갖다 버리고 나서 제일 앞쪽에 앉게 하고 조 원장이 침을 머리 곳곳에 꽂아 주었다. 한 손으로 가볍게 등을 받쳐주고 지지해 준다. 부인을 잘 보살피는 모습이 인상적이다. 다소 독특한 개성을 가진 사람이 속마음은 자상하고 다감한 것은 이미 아는 사실이지만 다시 한번 느끼게 하였다. 차는 계속 포장이 잘 된 길을 달려가다 골든트라이앵글이란 팻말이 보이는 지역으로 들어갔다. 차단기를 내리고서 태국 경찰이 우리가 탄 차를 검문하였다. 그대로 통과하여 차는 계속 앞으로 나아갔다. 멀리 좌측 산들이 연결되어 나타나는 모양이 마치 임신한 여자가 다리를 쭉 뻗고서 길게 누워있는 모양을 하고 있었다. 그 여인의 코는 다소 낮았고 젖가슴은 크고 임신한 배는 불룩하게 나왔다. 멀리 미얀마 쪽 산들이 보였다.

한참 더 가니 큰 강들이 흙탕물을 담고 유유히 흘러가고 있었다. 바로 그 메콩강이다. 메콩강은 중국 남쪽에서 발원하여 미얀마의 북쪽과 라오스 서쪽으로 해서 이곳 태국 북쪽으로 흘러내리는 국제강이고 강폭도 넓고 수량이 많아 아래쪽 캄보디아와 베트남 남쪽까지 내려가고 지금은 호치민 시가 된 과거 사이공과 같은 큰 항구를 끼면서 남중국해로 흘러 들어간다. 태국 북쪽의 이 지역은 강이 자유지역으로 누구나 자유롭게 배를 띄우고 돌아다닐 수 있다.

다른 차와 연락해서 어느 음식점에 차를 세우고 아침 식사를 주문했다. 일행 23명과 태국에서 사역하는 목사 사모와 그 현지 여자친구까지 25명분 식사를 쌀죽과 쌀국수를 나누어 시켰다. 태국 쪽 우리가 있는 강 안에는 잘 지은 가게와 호텔들이 보이고 높다랗게 십자가를 올린 교회도 보였다. 한국 선교사가 사역하는 교회라 하였다. 메콩강에 지나가는 배에서 잘 보이게 크게 만들어 세웠고 그 아래에는 〈God Loves You!〉라고 쓰여 있었다. 불교가 절대적인 이 지역에서 하나님의 임재하심을 나타내 보이고 있었다. 그러나 이쪽 강안에 접하여서는 큰 부처가 앉아서 묵상하는 모습을 현재 공사하고 있었다. 몸에는 금칠을 하고 있고 아주 큰 규모로 멀리서도 쉽게 보이도록 만들고 있었다. 이제는 좌대 부분도 거의 다 완성 중에 있었다.

십자가에 대항하여 부처를 앉히는 모양이다. 쌀죽이 먼저 나왔는데 모두들 짜다고 얼굴을 찌푸리고 다 먹지를 못하고 남긴다. 쌀국

수는 비교적 덜 짰다. 치앙라이에서 먹은 것과 비슷하였다. 옆가게에는 여러 가지 도자기 종류와 과자를 팔고 있었다. 후식용으로 과자 2가지를 40바트에 사서 4봉지에 담아서 한 테이블당 1봉지씩 주고 먹게 했다. 매실을 달고 짜게 절여서 만든 것인데 너무 짜 조금 먹고 남겼다. 남은 것은 내게 가져와서 매우 짜지만 내가 다 먹게 됐다. 우리 일행이 탈 배가 강변에 도착했다. 길이가 10m 이상 되는 동력선인데 자동차엔진을 달고 있었다. 전번에 메콩강에서 배를 타던 한국 교회봉사대원 여러 명이 배가 조난되어 메콩강에서 사망한 사건이 있었는데, 모두들 구명조끼를 꺼내어 가슴에다 묶고서 앉았다. 배가 미얀마 쪽 강변을 따라 올라갔다. 크고 멋지게 지어진 건물이 보였고 그 앞에는 부처를 크게 만들어 세웠는데 그 뒤에는 큰 코브라 뱀이 보호하는 듯 서 있었다. 어느 전도사는 그 모습이 마치 계시록에 나오는 일곱 뿔 가진 괴물과 똑 같이 보인다고 했다. 장차 사람들이 많이 미얀마에 들어가 하나님 나라를 건설하게 될 날이 올 것이다.

잘 지은 건물은 카지노인데 태국 자본을 끌어들여 지었다고 했다. 미얀마도 최근에 다소 개방하여 소득을 얻으려고 노력하는 중이다. 미얀마란 이름도 군부가 사회주의적 독재를 하는 때부터 붙인 이름이고 원래의 이름은 버마였던 것을 잘 알고 있다.

이 나라도 불교국가로 1983년 전두환 대통령 때에 친선방문하였고 아웅산 묘소를 참배하다가 북한 공작원이 설치한 폭탄이 터져

같이 간 우리나라 수행원들이 여러 사람 사망했던 나라이다. 그중에는 대통령 주치의였던 카톨릭 의대 민병석 교수의 생각이 났다. 북한 공작원은 체포되어 아직도 실형을 살고 있다고 한다.

과거 군부는 아웅산의 딸인 수지 여사를 자택에 연금하고는 외부와 통하지 못하게 하고 있으며 전 세계에서는 군사정부의 학정을 규탄하고 있는데, 얼마 전에는 한국에 와있는 미얀마 노동자들과 학생들이 미얀마의 민주화를 외치면서 가두시위까지 하던 기억이 났다.

하루속히 미얀마가 민주화되어서 기독교가 전파되고 하나님 나라가 실현되어야 하겠다.

배는 미얀마 쪽 강변을 따라 올라가더니 크게 우회전을 하고는 강 가운데로 들어갔다. 방향을 라오스 쪽 강 안에 가까이하고 메콩강을 따라 내려갔다. 멀리 태국 쪽 강 안이 보인다. 라오스 쪽에는 별로 보이는 건물이 없다. 한참을 내려가니 강변에 배를 댈 수 있게 조그만 선착장이 보이고 그 위로 강변에 가게 건물들이 보였다. 기념품 가게, 특히 뱀을 산채로 병속에 넣어서 만든 뱀술이 특이하였다. 이곳의 명물이라고 했다. 나는 쳐다보기도 싫다는 생각이 들었다. 한국에서도 옛날에 뱀술을 많이 담가 먹은 것으로 안다. 지금은 그것이 비위생적이라고 하여 거의 만들어 먹지는 않고 있다. 그러나 아직 이곳은 민도가 낮은지 사람들한테 뱀술이 인기라 하였다. 가게 안에 들어가니 인도지나 각국의 우표와 돈을 가지고 만든 기념물들이 있었다. 미얀마, 라오스, 캄보디아, 태국돈과 우표들이다. 값은 태국 바트화로 표시되어 있는 것으로 보아 태국인들이 많이 와서 구입해 가는 모양이다. 또 손으로 직접 짜서 만든 비단 목도리가 좋다고 했다. 여자들은 목도리를 목에 두르고 좋아들 하였다. 값이 싸고 물건도 괜찮은 편으로 보였다. 야자열매 윗부분을 깎아서 구멍을 내고 빨대를 꽂아서 빨아먹게 해 놓았다. 그 속에 든 물이 달콤하고 시원해 참 좋았다. 또 속에 든 흰 살은 파서 먹는다. 한국에서 이 야자속 흰살로 만든 아이스케이크를 먹어 본 기억이 났다. 뜨거운 지역에 시원한 나무 그늘을 만들어 사람들을 쉬게 하고, 또 그 열매는 달콤한 물을 가지고 인간들을 즐겁게 해준다. 우리 하나님의 또 하나의 선물인 셈이다.

나는 처음 들렀던 가게에서 우표와 돈이 든 기념물을 구입했다. 한국에서 내가 수집한 우표들 속에는 베트남 우표가 많이 있었고 또 캄보디아 캄푸차 우표도 다수 있고 태국 우표도 조금 있었다. 미얀마, 라오스 그리고 캄보디아 우표만 몇 장 구입했다.

다시 배를 타고 아래쪽으로 내려가다 뱃머리를 돌려 태국쪽 강변을 따라 처음 출발한 곳으로 올라왔다. 배를 처음 탈 때에는 구명조끼를 모두 착용하더니 지금은 절반도 착용하지 않고 있다. 긴장이 다소 풀리는 모양이었다. 라오스는 일찍이 공산당 세력에 의해 살육의 참상이 있었던 나라였고, 지금은 완전히 사회주의국가가 되어 외부와는 교통을 끊고 지내고 있으며, 중국의 영향을 많이 받는 중이라 했다. 우표에는 쌀을 수확하는 모습이 있고 이 나라도 과거 쌀농사를 주로 하던 농업국이었다. 앞으로 이 나라에도 하나님의 복음이 전파되어 인민들이 자유롭게 살 수 있는 나라가 되면 좋겠다는 생각이 들었다.

아래쪽의 캄보디아는 과거 악명높은 크메르루즈군에 의해 인구 800만 명 중 300만 명이 학살을 당했다고 한다. 안경 낀 사람은 지식인일 것이라 하여 죽였고, 손에 굳은살이 없으면 힘든 일하는 사람이 아니라 하여 잡아 죽이는 식으로 지식인들을 다 죽여 전 인민을 우민화하려 했던 것이다. 그래서 자신들만이 손쉽게 나라를 다스리려고 했다고 한다.

영화 킬링필드에서 보면 전직 기자가 캄보디아에서 죽을 고비를 넘기고서 외부 세계로 탈출하기까지 겪은 일을 아주 실감 나게 보여준 기억이 났다. 현재는 헹 손산 정권이 들어섰고 이들은 과거 크메르루즈의 학정을 전 세계에 알리고 죽은 사람들의 해골을 모아서 만든 기념관도 보여주고 있다. 아직도 크메르루즈 잔당이 태국 쪽 접경에 은둔하고 있다 했다.

현재의 캄보디아는 개방하여 많은 외국인과 선교사들이 들어가서 현정부를 도와주고 선교도 자유롭게 하고 있다고 하는데 내가 아는 대학 후배와 교인들이 이 나라에 선교사로 나가 있는 것을 알고 있다. 이 나라 역시 농업국으로 불교가 전통적으로 강하였고 이제는 기독교가 조금씩 전파되고 있는 중이다. 강변에는 외국인들이 또 배를 타기 위해서 기다리고 있었다. 미국사람 같지는 않으나 서양사람의 모습인데 아마 러시아 사람일 지도 모르겠다. 요사이 석유값이 올라서 러시아 사람들도 외국여행을 많이 다니는 것이 유행이라 했다.

이곳의 전통 부족 옷을 입은 아이들이 외국인들의 사진 모델이 되어 주고 있었다. 이렇게 모델이 되어 주고 돈을 좀 받는 모양이다. 다시 우리 일행은 차를 타고 태국 국왕의 어머니가 살던 메사이 지역으로 갔다. 현 태국 왕은 이전에 스위스에 살았는데 그 모후가 스위스의 고산을 좋아했고 그래서 효심이 많은 국왕이 태국의 북쪽에 산이 높은 이 지역에다 온갖 귀한 식물들을 구하여서 정원궁궐을 꾸미고 그 모후를 와서 살게 하였다 했다. 지금은 일반인에게 개방되어 입장료를 받고 있다.

입장료가 200바트라 하니 태국사람들에게는 비싼 편이고 우리 일행 중에도 값이 비싸다고 하는 사람도 있었다. 입장권을 구입하여 들어가니 여러 가지 열대 식물들을 곳곳에 잘 심어서 가꾸고 있었다. 내가 아는 고무나무, 야자수도 있었지만 대부분 잘 모르는 식물들이었다. 연못을 크게 만들고는 많은 연꽃이 피어 있었고, 수많은 다른 꽃들을 무더기로 피워 내고 있었다. 금잔화, 사르비아, 장미 그 외에 잘 모르는 꽃의 종류가 많았다. 큰 온실 속에는 모종에서 이제 크고 있는 어린 것들도 많이 있었다. 이곳에 오니 과거에 캐나다의 브리티시 콜롬비아 섬에 있는 부차드 가든이 생각났다. 이곳은 부차드가든보다는 규모가 작은 편이나 잘 손질을 해놓았다.

한국의 삼성 에버랜드 꽃밭보다 더 좋아 보였다. 언덕의 의자에 앉아 아래를 쳐다보고 있으니까 한방 조 원장이 지나가면서 왜 혼자 앉아 있느냐고 물어서, 그저 경치 구경하고 있다고 했다. 이 정원도 땅이 꺼진 모양을 하고 있었고 한가운데는 조각상을 세워 놓았다. 미국에 가 있는 내 아내가 같이 있었다면 하는 아쉬운 생각이 들었다. 앞으로 한 번 더 올 수 있을지 모르겠다. 한 바퀴 돌아서 나오니 일행이 음식점 속에 앉아 있었다.

이 날은 왕후의 생일이라 공휴일이 계속되고 방콕에서 온 타이사람들이 이곳에 많이들 놀러 온 것 같았다. 젊은 사람들도 있고 음식들을 시켜 놓고 같이 둘러앉아서 먹고 있었다. 더워서 모두 땀을 많이 흘리고 있었다. 당장 어디에 가서 샤워나 좀 하면 좋겠다. 땀이 배어서 끈적거리지만 별 도리가 없었다. 이윽고 주문한 볶음밥이 나왔다. 닭고기를 넣어 볶은 것이고 국물도 있었다. 배가 별로 고프지는 않지만 일단 먹어 두기로 했다.

식사 후 차를 타기 전에 우리 일행과 같이 온 태국 여자가 나에게 왕궁기념 티셔츠를 샀다고 하나 전해 주었다. 이 여자는 태국사람인데, 원래 할아버지는 중국인이라고 하였다. 아직 미혼인데 40대는 되어 보였고 과거 잠롱 방콕시장의 비서 일도 했단다. 한국도 한번 방문해 가나안 농군학교에서 시간을 보냈고 그 후 기독교인이 되었다고 하였다. 이곳 선교사들과 교분이 있고 또 우리 일행을 같이 따라다니며 안내해 주고 있었다. 현재는 방콕에 살고 있는데, 휴가 기간이어서 우리와 합류했다고 했다. 오늘 아침에 내가 후식용 과자를 한 봉지 사 주었더니 그것이 고맙다고 생각된 모양이었다.

이제는 코끼리를 타러 고산족 마을로 가게 됐다. 코끼리는 인도가 유명한 것으로 아는데 이곳 태국도 코끼리가 유명한 모양이다. 한국에서는 동물원에서만 보아 오던 코끼리를 이제 직접 타 보게 되는 것이다. 차는 언덕길을 힘들게 올라갔다. 이곳은 미얀마와 접경이고 이 언덕에서 미얀마를 볼 수 있다고 했다. 언덕 위에는 전망대를 만들어 놓고 있었다. 큰 전갈 형상을 만들어 놓았고 전갈의 발들이 여러 개였고 멀리 아래쪽으로 미얀마의 시가지가 내려다보였다.

미얀마는 과거에 버마로 영국의 식민지배를 받았고 그래서인지 시가지가 비교적 잘 정돈이 되어있었다. 큰 절도 보이고 건물들도 보였다. 흰 색깔의 집들이 곳곳에 있었고 이곳처럼 언덕에 지은 집들도 비교적 많았다. 우리 일행은 전망대와 전갈상 앞에서 여러 차례 사진 촬영도 했고, 아래로 내려오니 미얀마와의 접경 관문이라 하였다.

이곳 가게에는 중국에서 만든 여러 가지 공산품들도 많이 진열해 놓았는데 전기면도기, 조그만 라디오, 작은 쌍안경, 나침반, 공예품, 귀걸이, 팔찌, 반지, 옷 종류, 부처상 등 가지각색 종류의 가게들이 들어서 있었고 물건들도 많았다. 호텔 입구에서 모였다가 한 30분 정도 쇼핑할 시간이 있었다. 나는 기념 셔츠를 하나 샀는데 골든트라이앵글을 표기하고 지도도 그려져 있었다. 120바트를 주었다. 또 옥가락지 2개, 옥코끼리상 1개, 색실로 만든 손가방도 1개 구입하였다. 또 모자가 보여 이것저것 고르다가 차가 떠나려 하여 베모자 한 개를 급하게 샀다. 모자를 쓰고 나니 머리가 다소 조이는 듯했다. 나의 모자 쓴 모습이 별로 좋다고 생각되지는 않았으나 최근 모자가 하나 필요하다고 생각되어 구매한 것이었다.

드디어 코끼리 타는 마을로 가게 됐는데, 조그마한 강변 마을에 도착하였다. 코끼리는 물가에서 더위를 식히고 물도 먹고 노는 모양이었다. 이 코끼리들은 코에 물을 채워서는 옆 사람들에게도 뿜어대는 장난질을 잘한다. 한 번씩 똥을 싸는데 냄새가 많이 나고 그 똥들이 크고 길가에다 똥을 싸면서 걸어가고 있었다. 그 큰 덩치를 유지하기 위해 하루 종일 먹어 댔다. 마을 가게에 아이스케이크가 있어 하나씩 사 들고 먹었다. 태국 시골에서도 아이스케이크를 먹고 기분이 괜찮은 편이다. 코끼리 타는 요금은 개인이 지불하는데, 2인이 한 마리 타는 데 500바트였다. 나와 박 원장이 높다란 곳에 코끼리 등에 앉힌 탈것에 앉아서는 안 떨어지게 두 손으로 꽉 붙잡고 갔다. 코끼리가 걸어가니 탈것이 흔들거리고 다소 불안하나 코끼리 등에 잘 묶어놓은 상태라 안심은 됐다. 코끼리 등 위에서는 코끼리 주인이 막대기로 코끼리에게 명령을 했다.

코끼리는 성질이 온순한 편이고 주인의 말을 잘 따르는 초식동물의 특징을 가지고 있다. 그러나 한 번씩 발정기가 되면 사나워지고 가끔 미친 코끼리가 사람을 습격해서 죽게 하는 경우도 있다고 한다. 코끼리 등에 타고 보니 땅바닥이 저 아래로 보였다. 차도를 따라 걷다가 마을 속 길로 들어갔다. 마을 집들이 보이고 집들은 그런대로 잘 지어져 있었고 열대식물들이 많이 자라고 있었다. 과일이 달린 나무도 있었고, 코끼리 주인이 어떤 집 주인에게 허락을 받고서 칼로 파초 잎을 크게 쳐서 던져주니 코로 끌고 가서 잘 먹었다.

집들은 비를 막고 짐승이 못 들어오게 잘 지어져 있었다. 코끼리 타기를 끝내고 나니 치과 이 선생 딸이 5바트 있느냐고 물어왔다. 용변을 보려면 5바트를 주어야 하는데 내 지갑에는 1바트 짜리가 한 개가 들어 있었다.

여기저기서 1바트씩이라도 모으면 관광객을 상대로 돈을 벌려고 기대하는 주인에게 5바트를 줄 모양이었다. 어제와 오늘의 구경도 다 끝났고 시내로 가서 저녁 식사를 한 후 공항에 가서 방콕 가는 비행기를 타야 했다. 차는 아스팔트 포장된 편도 1차선 도로를 달려서 갔다. 가끔 큰 경작지가 보였고 한가운데에 집을 잘 지어 놓았다.

열대 농사를 하고 있는 모양이었다. 과수원을 기업적으로 하는지도 모르겠다. 이곳에는 각 마을마다 그 마을의 특산식물을 마을 초입에 많이 심어서 그 표시를 하고 있다 했다.

저녁이 깃드는 시가지에 들어와서 다시 그 전날 먹었던 칼국숫집에서 저녁을 시켜서 먹었다. 오늘은 칼국수를 먹고 또 후식으로 사

온 열대 과일을 많이 까서 먹었다. 한국까지 가져갈 수 없으니 뱃속에라도 많이 넣고 가려는지 모두들 열심히 먹는다.

치앙라이 공항은 음식점에서 가까운 거리였고 공항에 도착하니 아침에 우리가 보낸 짐들을 실은 차가 와 있었다. 각자 자기 짐을 챙겨 싣고 공항 로비로 들어갔다. 우리 일행 중 한방과에서 도와주던 여자 대원 언니 내외가 마지막까지 나와서 수고를 해줬다. 이곳은 방콕공항처럼 복잡하지 않아서 좋았다. 태국 항공사에 우리 짐들을 부쳤다. 나도 조그만 여행 가방을 짐으로 부쳤다. 인천공항에서 짐으로 찾을 때 다소 시간이 걸릴 것이다. 짐들을 다 부치고 우리 일행은 훈련원 목사님 인도하에 기도하고 이별의 정을 나누었다. 박 원장과 조 원장이 감사패를 받았고, 박 원장은 우리를 대표하여 꽃다발도 받았다. 아직 비행기는 준비가 되지 않았는지 항공사의 직원 자리도 비어 있었고 대합실에도 사람들이 보이지 않았다.

대합실에 앉아 한참 지나니 비행기가 도착하고서 손님들이 출구로 나왔다. 이 비행기를 청소하고 다시 우리가 탑승하게 된다. 비행기는 올 때와 똑같은 6줄짜리 보잉기였다. 우리 일행 외에도 다수의 사람들이 타고 있었다.

약 1시간 30분 비행하면 방콕에 도착한다. 저녁 간식으로 주는 음식을 먹고 음식 통 뚜껑이 예뻐서 엽서처럼 하나 떼 놓았다. 태국항공은 그 심볼이 큰 꽃모양을 하고 있었다. 내가 태국에서 책갈피에 넣어 기념이 되게 한 꽃 생각이 났었다. 방콕공항에 내려서 공항 서

틀버스를 타고 빙 돌아, 본 건물로 들어서니 사람들이 많았고 시끄러웠다. 서양사람들도 많았고 처음 올 때 보던 모습 그대로였다. 내가 첫날 지갑을 잃어버린 줄 알고서 한동안 해프닝을 벌인 일을 생각하니 쓴웃음이 나왔다. 이제 지갑은 뒷주머니에 넣지 않고 다닐 생각이다. 한국 가서 정지시킨 외환카드를 다시 재신청하여 발급받아야 했다. 환승장을 지나 탑승장을 가기 전에 모두 모여 여권과 비행기표를 받았고 탑승 전까지 시간이 남아 이곳저곳 물건 진열해 놓은 데를 가 보았다. 이제 남은 태국 돈은 200바트였다. 돌아보니 200바트로 살 수 있는 것이 별로 없었다. 이곳 방콕공항에는 고급물품들을 주로 가져다 놓았고 가격도 매우 비쌌다. 키홀더 100바트 짜리 2개를 구입하고 나니 남은 돈이 없었다. 한국에 가서 내가 데리고 일하는 레지던트와 간호사에게 줄 물건들이다. 부피가 큰 것은 못 사고 조그만 것들을 구입했다.

몸이 불편한 한방 선생은 일찍이 탑승장 쪽으로 갔고 조 원장 부부가 따라갔다. 이제 돈도 없고 더 돌아다니기도 힘들어 탑승장에 오니 한방 선생들만이 먼저 와서 기다리고 있었다. 이제 이 비행기를 타면 5시간여 후에 인천공항에 도착한다. 태국시간으로 11시 30분 비행기이니 한국에는 일요일 새벽 7시경에 도착하게 된다. 비행기를 기다리는 사람들 중에는 태국에 놀러 온 한국사람들도 꽤나 많았다. 가족들과 같이 온 사람도 있었고 아이들도 보였다.

태국항공이 싸게 표를 파는 모양이다. 비행기는 올 때처럼 10줄

짜리 좌석 보잉기였다. 한국인 여승무원도 보였다. 저녁 간식을 주어서 먹게 되었다. 몇 시간 후에 아침 식사도 줄 것이다. 타이항공은 손님들에게 매우 친절하고 또 호감을 주기 위해 기내 서비스를 열심히 하고 있었다. 우리나라 KAL이나 아시아나에 못지않다. 서로 손님을 모시기 위해서 경쟁하고 있고, 가격도 싸게 내놓고 있었다. 양치하고 눈을 감고 있는데 잠이 깊이 오지 않는다. 늦게 뭘 먹었기 때문인지, 비행기 소음 탓인지 모르겠다.

다음 날은 일요일이라 그래도 여유가 있다. 하루 쉬고 병원에 출근하니까. 한국 출발 전에 용인병원에 입원해 있던 골수섬유증 환자가 생각이 났다. 척추 쪽 덩어리 때문에 하지마비가 올까 걱정했던 환자이고 폐, 늑막, 심장이 나빠서 당장 수술도 하지 못한 환자였는데 그사이 어떻게 되었는지 궁금하였다.

비행기 창밖은 아직 어두운 편이나 서서히 희미하게 밝아 오고 있었다. 곧 인천공항에 도착한다고 안내방송이 나온다. 인천공항도 이제는 여러 번 이용하여 낯설지 않았다. 비행기는 잘 랜딩하였고 우리 일행은 두 손을 모아 합장하는 타이 승무원들 앞을 지나 비행기 밖으로 나왔다. 아직 밖은 더웠다. 출입국 사무 보는 사람들이 신속하게 일들을 처리하였다. 표정이 없고 기계적이다. 짐 찾는데 와서 내 짐을 찾아도 없었다. 자세히 보니 이미 내 짐을 찾아 놓았다.

이제는 모두가 헤어질 시간이다. 공항 밖에서 박 원장이 단장으로서 모두 수고했다고 감사의 말을 했다. 짐 싣는 차를 가지러 남자

집사가 가고 나서 짐을 차 승강장까지 밀어다 주었다.

이제는 각자가 떠나간다. 다음 달에도 국내 의료봉사가 있다 했다. 그때 다시 다 만나게 될 것이다. 하나님의 보호 아래 무사히 봉사하느라 모두 수고했고 보람된 시간을 가졌다.

태국 의료봉사 2차(2009년 9월 20-27일)

9월 20일

오전 7시까지 인천공항에 집결해 출국수속을 하기로 했으나 아침 7시가 지나서 도착했다. K구역 쪽에 가봐도 우리 팀 일행이 보이지 않아 김 총무에게 전화하였더니 J구역 쪽으로 오란다. J구역 쪽에 가도 일행이 없었는데 K구역 쪽에 일행이 보여 그쪽으로 합류했다. 나는 부칠 짐이 없었고 비행기표만 받아 출국 준비가 다 되었다. 짐들은 이미 다 부쳤고 핸드폰 로밍을 하고서 출국장 쪽으로 나갔다. 출국전에 아직 시간이 많이 남아 있었고, 새로 지은 출국장은 트레일을 타고 지하로 가서 각 게이트로 이동하게 되어있었다. 새 출국장에도 면세품점과 음식점들이 잘 갖춰져 있었다.

태국항공을 타고 방콕까지 가야 했다. 가져간 신문을 계속 읽으며 한동안 시간을 보내고 나서야 탑승이 시작되었다. 탑승 전에 마일리지를 확인하니 제휴한 아시아나항공 쪽에 넣어 주었다. 아시아나에는 이미 9만 마일이 적립되어 내년 설 연휴에 무료 표를 신청할 예정이다. 태국항공은 생각보다 크고 한국, 일본 쪽도 취항하고 태평양을 건너 미국에도 취항하지만, 서남아시아와 유럽 쪽에는 아주 많이 취항하고 있었다.

승무원들도 매우 세련되고 수준 높은 서비스를 하고 있었다. 방콕까지 5시간이나 걸리고 식사 후 잠도 자고 신문도 보면서 시간을 보냈다. 같이 비행기를 타고 있는 태국사람들은 약간 까무잡잡하고 인종이 인도계통의 유럽인 모습을 하고 있었고 원래 태국 본토 사람하고는 다소 달랐다. 기내식사는 대한항공이나 아시아나항공에서 제공하는 것과 별 차이가 없어 보였다. 태국전통 음식은 없었으나 음식이 정갈하게 나왔다. 식사 후에 졸려 눈을 붙이고 나니 태국 도착까지 1시간이 남아 있었다.

태국은 관광대국답게 입국 수속 과정이 쉬운 편이다. 방콕공항은 5년 전에 왔을 때의 모습이 아니고, 새로 크게 잘 지었는데 우리나라의 인천공항 못지 않게 멋지고 컸다. 시멘트 지주를 그대로 이용하여 다소 거친 느낌을 주고 있으나 현대식 건축이다. 우리는 통과여객이라 일단 입국수속은 하였으나 공항내의 도메스틱 쪽으로 이동하여 기다리게 됐고, 그사이 저녁 식사를 하게 되었는데 구내식당을 잘 만들어 여러 가지 식사 종류를 제공하고 있었다. 250바트짜리 식권을 사서 각자 원하는 것을 사 먹게 했는데 라면 종류가 200바트이니 한국 돈으로 7,600원이어서 이 나라의 국민소득에 비하면 많이 비싼 편이었다. 아마 외국인 상대로는 돈을 좀 벌 것이다. 식당 안에는 서양사람들도 다수 보이고 태국 여자와 결혼한 것으로 보이는 서양 남자도 보였는데, 그 사이에 태어난 아이는 꼭 그 엄마를 닮아 다소 까맣다.

개찰 시간이 지났는데도 아직 소식이 없다. 40분도 더 지나 개찰이 시작되었는데 거의 모든 승객이 들어간 뒤에 마지막에 들어갔다. 비행기는 보잉기로 화장실은 없는 모양이다. 비행기가 공중에 떠서 안정이 되니 땅콩을 주고 음료수도 제공한다. 간단한 간식도 주었다. 식사를 하고 눈을 좀 부치다가 다시 신문을 읽었다. 평소 신문 읽을 시간이 없어서 집에 있던 미처 못 읽은 신문을 가져와 읽었다. 그림이나 사진이 마음에 들 때는 잘라서 스크랩도 했다. 한 2년 모은 것이 상당한 분량이 되었다.

▲ 라후족 여성의 모습

비행 1시간여 지나니 치앙라이공항에 도착하였다. 이 지역은 5년 전에 의료선교를 와서 고산족과 고산족 학생들의 학교에서 진료했던 낯익은 곳이고 미얀마 국경에도 가까워 태국당국이 상당히 신경을 쓰는 지역이다. 많은 고산족들이 미얀마 군사정부의 탄압을 피해서 이곳으로 넘어와서 살고 있으며, 태국 정부에서는 그대로 방관하고 있는 상태이고 그들 중에 라후족이 이번 선교의 대상이다. 이 종족은 고구려 패망 후 당나라에 끌려갔던 고구려 유민과 관계가 깊다고 했는데, 태국에만 10만 명이 살고 있다(사진).

다른 고산족인 카렌족의 경우 기독교화가 많이 되었고 미얀마 정부군에 대항하여 싸우고 있고 유명한 남매 지도자의 이야기도 들어 알고 있다.

우리 고등학교 동기인 이형순 원장이 치공사까지 데리고 가서 무료진료도 해 준 적도 있다. 그들 중 목에 링을 끼우고 목을 길게 만드는 동족도 있는데 유명한 종족이 되어 이들을 보려고 많은 관광객이 몰려오고 있었다.

치앙라이공항은 크지 않고 통관도 빨리 되어 짐도 없는 나는 제일 먼저 밖으로 나왔다. 공항 밖에는 키가 작은 한국인으로 보이는 남자와 다른 안경을 낀 남자와 나이 든 남녀가 같이 나와 있었다. 혹시 우리를 마중 나온 선교센터 사람들인가 생각되었고 의자에 앉아 기다리니 우리 일행이 나오는데 짐도 가득 싣고 나온다.

약을 가져왔는지, 요사이 태국입국 시에 약에 대해 아주 엄격하게 다룬다고 하였다. 우리는 약이 없고 진료용 약은 현지에서 구입하기로 했기에 짐을 안 뜯고 그대로 통과됐다.

앞으로 약을 구입할 때 한국 대신 태국에서 구입하는 것이 좋겠다고 생각되지만 모든 약을 가지 수대로 다 구입이 가능할지 의문이고 한국의 제약회사에서 기증받을 약도 있을 텐데 다소 걱정이 됐다.

모두 통관하여 선교사들과 인사를 나누고 공항 앞에 서 있는 차에 짐을 싣고 각자 분승하여 선교센터로 차를 타고 갔다. 2시간 이상 가야하고 거리는 90Km가 된다고 하는데, 길은 태국 국도 1호로 비교적 잘 포장된 도로이나 왕복 1차선이고 우리나라와는 달리 좌측

통행이고 일본이나 영국의 도로운행과 같았다.

태국도 교통체계뿐 아니라 많은 문물을 일본에서도 많이 받아들였는데 길에서 보는 자동차는 거의 다 일제 차였다. 우리가 탄 승합차는 10인승이고 천장에서 찬 바람이 잘 나와 시원했는데 닛산회사 차였다.

길이 많이 꾸부러지고 경사도 심했지만 운전하는 목사님은 여러 말씀도 나누면서 운전을 잘했다. 태국 선교사로 17년째 수고하고 있다 하는데 키는 작지만 단단하고 활력이 넘쳐 보이나 얼마 전에 뎅기열에 걸려서 크게 고생을 했다고 한다. 선교사들이 더러 뎅기열에 걸려 죽기도 하는 모양이었다. 예방약은 없고 모기에 물리지 않는 것만이 상책이고 의심되면 빨리 치료를 받아야 한단다. 이윽고 널따란 땅에 여러 건물이 들어선 선교센터에 도착했는데 한국 성결교단에서 20년동안 자금과 인원을 투자하여 세운 곳이라 하는데 현지인들을 데려다 선교훈련과 신학공부도 시키고 있는 것 같았다.

우선 숙소에서 도착한 후 기도를 드리고 우리 남자들은 그 앞의 건물에서 숙식하기로 하여 가 보니 타일 바닥에 침낭과 베개가 정돈되어 있었다. 우선 피곤하여 대강 씻고 잠을 자기 전에 오늘 있었던 일들을 적어 보지만 너무 시간이 부족해 그대로 잠을 청해 보는데 바로 옆에 코를 고는 사람이 여럿 있어서 잠이 잘 오지 않았다.

누워있지만 잠은 들지 않고 수면제를 한 알 얻어 먹었는데도 별 도움이 되지 않는다. 시계를 보니 새벽 3시이다. 코를 심하게 고는 사람의 머리를 낮추고 돌려주어 보아도 곧 다시 코를 곤다. 도저히 안 되겠다 싶어 앞방으로 침구를 가져가서 잠을 청해 보지만 코고는 소리는 그대로 들려 온다. 두어 시간 그대로 누워있는 상태인데 그사이 나도 코를 골고 잠을 잔 모양이다. 지나가던 박 원장이 내가 코를 골더라고 했다.

9월 21일

6시 반에 아침기도가 예정되어 있는데 나는 도저히 머리가 맑지 못하여 우선 일어나 세수부터 하고 정리한 후 늦게 기도소로 갔더니, 밖으로 크게 울부짖는 소리가 들린다. 성결교회에서는 기도 시에 크게 소리내어 울부짖는 것을 본 적이 있는데 이런 기도소에서 더욱이 새벽 기도에서는 더 심하게 기도하는 것 같았다.

체구가 작은 태국사람들은 그대로 조용히 엎드려 있었고 한 한국 여자선교사가 큰 소리로 하나님을 부르짖고 있었다. 여기서 장기시무하고 있는 분으로 신앙심이 대단해 보였다. 나도 마음을 모으고 조용히 앉아 기도를 드렸다. 항상 하는 기도의 틀을 벗어나지 못하고 있으나 주위에 기도하는 사람들이 열렬하게 하니 나도 내 기도 자세를 생각해 보았다. 진실한 마음에서 하는 기도라면 꼭 큰소리로 외치지 않아도 될 것 같고, 또 기도 중에 그 마음이 뜨거워지면 큰 소리로 하나님께 아뢰는 것도 괜찮다고 생각이 되었다. 긴 시간은 아니지만 내 나름대로 기도했고 그 후 식당에 가니 조촐하게 아침 식사가 준비되어 있었다. 쌀밥, 배춧국, 김, 장아찌가 놓여 있었다. 밥을 조금 담았더니 왜 그렇게 조금 먹느냐고 물어본다. 아랫배가 자꾸 나오고 과체중 상태를 면하기 위하여 노력 중임을 알지 못하는 그들이다. 운동도 같이 병행해야 하나 운동시간을 따로 낼 정도로 내 마음을 철저하게 작정하지 못하고 있는 것도 사실이다. 식사 후 8시경에 승합차와 지프가 와서 우리를 태우고 오전 진료지인 고산족 거주지 산악마을로 달려서 갔다. 사방은 온통 초록색이 깔렸고 멀리 높은 산도 보이고 구름이 산꼭대기에 걸려 있었다.

까맣게 보이는 구름 아래는 비가 오는 지역인 것 같았다. 오전 중에 한참 달려가 도착한 고산족 마을은 여러 세대가 집단 거주지 안에 각자의 집을 지어 놓았는데 집 아래쪽은 돼지, 소, 닭이나 개를 키우고 위층 사람의 인분을 받아먹도록 해 놓았는데 마치 과거 우리나라 제주도에서 똥돼지 키우는 방식과 같았다. 마을 안에는 동물의 배설물 냄새가 풀풀 나고 있었다.

고산족들 남자들은 늙은이가 대부분이고 가끔 젊은 아낙네가 아이들을 데리고 있는 것이 보였다. 여인들 치마는 원색이고 라우족 특유의 모습을 하고 있었다. 고산족 1세대들은 원래 땅을 지키고 살고 있으나 2세들은 도시지역으로 나가 돈을 벌기 위해 마을을 떠나가고 주로 여자와 아이들이 남아 있단다. 큰 아이들도 도시지역의 기숙학교에 들어가서 공부를 하는 아이들이 많고 한국 성결교단이

나 장로교단 등에서 학교 수업을 위해 기숙시설을 만들고 신앙교육을 함께 하도록 하여 2세 교육에 큰 도움을 주고 있었다.

이 마을에 예배소를 간단히 만들어 놓았는데 십자가와 예수님 사진이 걸려 있었다. 마을에 물을 저장하는 물탱크가 있어 계속 깨끗한 물이 공급되어 흘러나가고 있었다. 산속 마을이라 조용하고 공기도 맑은데 외부와의 교통은 시멘트 포장도로로 연결이 되고 있었다. 진료 장비들을 내려놓고 진료 준비를 했다. 내과, 소아과, 정형외과, 치과, 한방과와 봉사를 위한 장소를 정하고 준비하면 접수된 순서대로 한 명씩 환자를 보게 되었는데 대부분이 명치가 아프고 몸이 쑤시고, 두통과 허리가 아픈 사람들이다. 감기환자도 많은데 산속이라 아침 저녁에 기온이 많이 떨어지고 낮에는 더워 그 기온 차가 커서 생긴 현상으로 보였다. 가져온 약을 옆의 여자 대원들이 처방난 대로 조제해주니, 약을 주는 사람에게는 고맙다고 인사를 하고 나에게는 아무 말 없이 가 버린다. 다소 섭섭한 마음이 들었다.

오전에 내과는 32명 정도 환자를 진료했고 오전 진료가 끝나니 점심시간이다. 점심 식사는 진료한 곳에서 밥, 국, 돼지고기가 든 잡채 등을 먹었다. 그런대로 점심을 맛있게 먹었다. 한국에서 가져온 고추장 든 멸치도 맛있었다.

점심 식사 후 다른 동네로 이동하는데 매우 먼 산꼭대기 동네로 갔다. 이번 마을은 오전에 간 곳보다 더 크고 집도 많은데 사람들은 도시로 돈 벌러 나가버려 진료받은 사람 수가 오전보다 적었다.

여기도 진찰해 보니 지병들은 이전처럼 비슷했고 미리 약을 받으러 온 사람도 있어 보였다. 오후에 진료한 예배소는 이전 마을의 예배소보다 더 크고 여유가 있어 보였다. 비교적 쉽게 진료를 마치고 짐을 꾸려 산 아래로 내려와 저녁 식사를 하기 위해 시가지로 갔다. 거리 한가운데에 테스코라고 쓴 식당이 보이고 우리나라의 홈플러스와 같은 곳이라 했다. 영국 자본이 운영하는데, 건물 내부는 크고 많은 물건들을 가득 가져다 놓았고 한쪽은 식당가인데 우리나라에서 보는 것 이상의 각종 음식과 음료가 표시되어 있었다. 80바트 내에서 음식을 시켜 먹도록 하여 돌아다니며 마음에 드는 것을 시켜 먹었다. 아직도 돈이 남아 레몬차를 한 컵 주문하여 먹었다. 차 맛이 레몬 외에 특이하게 느껴지고 또 한 잔 더 시켜 먹다 잘못하여 거의 쏟아 버리게 되었다. 식탁과 바닥에 흘린 것을 휴지로 닦아내었으나 잘 닦아지지 않는다. 너무 많이 흘렸기 때문이다.

다시 차를 타고 숙소로 돌아왔는데 오늘은 코 고는 코파가 앞방으로 나가고 코를 안 고는 비코파가 큰 방에서 잔단다. 나는 코파지만 코고는 소리에 잠을 잘못 자므로 다른 학생들 공부방에 가서 잘 생각이다. 10시 지나서 짐을 옮기고 오늘 땀을 많이 흘려 오자마자 즉시 샤워하고 옷 세탁도 해서 대나무 줄에 걸어 놓았다

잠을 청하는데 귀뚜라미 소리가 너무 크게 들렸다. 빗자루를 들고 나가 소리나는 데를 후려치니 소리가 안 나다가 다시 크게 소리가 난다. 다시 빗자루를 땅바닥에 후려치면 소리가 없다가 내가 돌아서

면 또 크게 운다. 결국 내가 포기하고 들어가서 귀뚜라미 소리를 크게 들었다. 한참 울더니 다시 그치기도 하며 또 운다. 멀리서 코고는 소리가 들리고 나는 잠을 청해 보지만 잠이 잘 오지 않는다. 저녁에 먹은 레몬차에 들어가는 차 성분 때문인가 싶었다.

그러다가 어느 사이에 잠이 들었고 소변이 마려워 다시 깼다. 화장실 쪽에 사람 소리가 나서 시계를 보니 새벽 3시이다. 소변을 보고 다시 눈을 붙여보나 사람들이 자꾸 나와 화장실에서 물을 푸는 소리와 떠드는 소리에 잠이 오지 않는다. 두어 시간 더 지나니 시계의 알람이 운다. 아침 6시에 예배를 드리기로 해서 일어나 면도하고 세면을 하면서 준비했다.

9월 22일

세면장에 있는데 방 쪽에서 찬송가 부르는 소리가 들렸다. 찬송가를 듣고서 예배 장소로 들어가니 이제 막 목사님이 성경 구절을 읽고서 설교를 시작하려 하고 있었다. 베드로 전서의 이야기이다. 젊은 목사이나 성경해석을 다각도로 하면서 설교하고 있었다.

예수께서 십자가에 묶여 돌아가신 후에 음부에 내려갔다 왔다고 된 영어 번역에 대해서도 언급하였고, 예수 오시기 이전에 살았다 죽은 사람들에 대한 심판은 어떻게 되느냐는 문제에 대해서, 내가 알기로는 그 사람의 양심에 맞추어 심판하신다고 알고 있는데, 이 또한 상세히 설명했다.

예배가 끝난 후에 내가 몇 가지 질문을 하며 안식일에 대해 물어보니 진정한 안식일은 토요일이라는 사실을 알고 있었다. 아침 식사는 식당에서 밥과 국, 김, 멸치무침이 나왔다. 조금만 먹었고 식사 후에 설거지도 해주니 여자 대원들이 좋아했다. 기러기 세월 10여 년에 밥 먹고 나서 설거지 하나는 잘하게 되었으니까.

오전에 먼저 간 고산족 마을 안까지 시멘트 길로 포장되어 있었다. 이곳은 어제 갔던 고산족 마을과 다소 달라 보인다.

집은 같은 모양이지만 곳곳에 큰 나무들이 들어서 있고 마을 전체가 잘 정돈된 모습을 보이고 있었다. 역시 노인들과 아낙네와 아이들이 많이 보였다. 젊은 남자들은 외부로 나가 돈을 벌고 있다고 했다. 큰 돈은 못 벌어도 이들에게는 아주 큰 도움이 될 것이다. 오전 진료에도 이전에 봤던 데로 복통, 두통 환자가 많았고, 이 마을에 설사를 심하게 하고 죽은 사람도 여러 명 있었다는데 수인성 전염병인 이질이었을 가능성이 크다.

대변에 피가 섞여 나오는 사람들이 여럿이고 혈압도 너무 낮아 수액을 처방하고 물을 끓여 먹게 하고 생식을 하지 않게 하였고 복용약을 지어 주었다. 잘못하면 마을 전체로 확산될 수도 있겠다고 생각되었다.

이곳 예배당은 꽤나 크고 슬레이트 지붕을 올렸는데 한낮에는 다소 더워진다. 시무하는 젊은 전도사가 있는데 이곳 센터에서 교육받은 라후족 남자이다. 얼굴이 착하게 생겼고 신앙심이 깊어 보였다. 몸이 불편하다 하여 진찰해보니 혈압이 상당히 낮았다. 남자들에게는 저혈압의 증상이 많지는 않지만, 육체적인 무리를 하지 말아야 하고 식사 관리가 중요하겠다.

다시 우리 일행은 트럭과 승합차에 나눠 타고 오전 진료해 줄 고산족 마을로 가는데 타고 가는 차는 닛산 회사 차이고 천장에서 찬바람이 잘 나오고 있어 차 안에서는 더운 줄을 몰랐다.

치과 환자가 많았고 늦게 끝날 때까지 계속 열심히 환자를 보고 있었다. 치과는 단장인 이석우 원장과 보조하는 치과위생사와 모두 4명이고 이동용 치과장비를 사용하여 많은 사람들에게 도움을 주고 있었다. 치과의사들은 자신의 보호를 위해 얼굴에 큰 차단장치를 쓰고 환자를 보고 있었다. 치과 진료가 끝날 때 가서 보니 환자들이 치료받고 난 후에 석션 통에 발갛게 핏물이 있었는데 마치 앵두주스 같아 보였다. 그러나 많은 오염 물질들이 들어 있어 조심해서 버리도록 하여야 했다.

오전 진료를 다 끝내고 고산족 마을을 떠나는데 아이들이 나와서 아쉬워하는데, 아이들 얼굴에 페인팅한 것과 풍선 불어준 것들은 우리 대원들이 아이들 놀이 사역 활동을 한 결과물이다.

점심 식사는 또 테스코로 가서 먹는데 50바트 내에 뭐든지 먹도록 하였는데 쌀국수에 고기 몇 점 올려놓은 것이 맛이 있었다. 양도 많지 않아 살이 찔 걱정도 없고, 어제 엎질렀던 주스도 다시 사다 먹었는데 맛이 좋았다.

오후 진료는 이 지역 초등학교에서 하기로 했는데 가서 보니 어른들이 조금 있었고 아이들이 많이 보였다. 학생 수는 130명 정도 된다 했고 이중 50명이 고산족 아이들인데 이들은 학교 옆의 기숙센터에서 생활하고 있고 신앙교육도 받아 믿음의 일꾼들이 될 수 있을 것이다.

마침 식사시간이라 식사기도를 하고 맛있게 식사하는데 밥과 국에는 돼지고기가 조금씩 들어 있었다. 이 기숙센터는 미국 의사이고 부흥사인 안종수 박사가 3만 달러를 기부하여 IMF 당시에 설립했다 하는데 3층 건물이고 멋지게 잘 지어 놓았다.

이 학교를 마치면 중학교로 진학하기 위해 더 도시지역으로 가게 된다. 센터에는 한국에서 여러 선교사들이 파견되어 와 있었고 여러 해를 이곳에서 생활하는 사람들도 많아 보였다. 성결교단에서는 매년 500만원을 지원하는데 최근에는 지원액이 줄었고 다른 교회와 독지가, 단기 선교팀들이 떠날 때에 후원금을 주어 그럭저럭 운영이 되고 있다고 하는데, 하나님을 모르는 고산족 아이들을 데려와 먹이고 재워주고 공부도 할 수 있게 해서 부모 세대보다 더 좋은 직장을 얻고 자립할 수 있게 되었으면 좋겠다는 생각이 들었다.

우리 봉사팀도 진료가 모두 끝나면 이들에게 다소라도 지원할 수 있는 돈을 마련해야겠다. 오늘은 한국의 추석이고 대원들이 고기가 먹고 싶다고 하여 이 지역에 있는 고깃집으로 갔는데 소고기, 돼지고기 외에 해물도 많이 준비해 놓았고 뷔페식이어서 마음대로 가져다 먹을 수 있었다. 후식도 여러 가지가 나왔고 열대지방에서 보는 과일도 있었다. 야자수잎에 싼 과자도 있었고, 너무 많이 가져다 놓고는 다 못 먹어 남기는 음식이 많아 아까운 생각이 들었다.

모처럼 젊은 대원들과 담소하며 음식을 함께 먹으니 서로가 더 가까워진 듯하고 유대감이 많이 생기고 나도 더 젊어진 듯해서 좋았다. 밤에 일기도 써야 하고 내일을 위해 일찍 잠을 자야겠는데 미국에 있는 아내에게 전화하는 시간이 지났지만 전화하니, 출근하여 직장에서 받았다. 11월에 미국에 돌아갈 아내의 비행기표 확인에 대한 문자메시지가 내게 들어와 있어 확인하라고 했다. 오늘은 수면효과가 있는 보나링 정을 자기 전에 복용하고 잠을 좀 잘 수 있기를 바랬다.

9월 23일

새벽에 소변이 마려워 잠을 깨니 새벽 3시이다. 소변을 보고 다시 잠을 청하였고 깨어 보니 새벽 5시이다. 조금 더 누워있다가 일어나 면도하고 세수하고 예배 장소에 시간을 맞추어 갔다. 오늘은 베드로전서 4장 1절 말씀인 "마지막 때가 가까이 왔으니 너희는 정신을 차리고 깨어 근신하라"는 말씀이다. 자주 듣던 말씀이고 그 내용도 익히 알고 있는데 다시 듣게 되었다. 이제 다시 오시는 주님을 맞을 준비를 더 철저히 해야 하겠다.

아침 식사 후에 오늘은 다른 고산족 마을을 찾아서 갔다. 고도 1,100m 지역에서 살고 있는데 어린이집도 있고 마을 일을 하는 건물도 있어 그곳에서 진료할 예정이란다. 이곳에서 멀지 않은 곳에 미얀마와의 국경이 있다. 이곳 남자들은 키가 매우 작다. 영양이 부족한 상태인지 모르겠다. 어느덧 많은 사람들이 모여들고 있었다. 호소하는 병세도 어제 그제 본 환자들과 비슷했다.

이 지역 아이들도 여러 사람이 선교센터에서 숙식하고 공부를 하고 있다 했다. 2세들이 공부를 열심히 하여 1세보다 더 훌륭한 사람이 되어야 하겠다. 이런 사업을 통해 하나님을 받아들이고 개인의 생활개선도 되었으면 좋겠다. 어제 복용한 보나링 때문에 아직 정신이 혼미하고 환자를 몇 명 보고 나니 조금 나아졌다.

계속 환자들이 들어 오는데 걸치고 있는 옷이 원색적이고 얼굴은 까무잡잡하고 눈매는 쑥 들어가 서양사람이나 흑인의 눈매와 같아 보였다. 상당한 수의 환자 진료를 하고 나니 12시가 넘었다. 1시부터 경찰에서 나와 주민등록을 하기 위해 이 건물을 사용한다고 하여 빨리 마무리를 하기로 하고 진료에 속력을 냈다.

그사이 오랫동안 끝까지 수고하던 치과가 환자 진료를 빨리 마치고 짐을 싸고 있었다. 밖에 미용 봉사하는 데는 아직도 수고 중이다. 항상 제일 먼저 시작하고 제일 나중까지 수고하는 분들이다. 나도 가서 마무리를 도와주었다. 점심식사는 오늘 진료해준 고산족 교회에서 마련해 놓았다고 하였다.

아래쪽 예배당에 가니 밥과 대추, 돼지고기를 갈아 넣은 된장 등이 있었다. 생배추는 다소 꺼림칙하여 먹지 않았고 밥을 맛있게 먹었으나 다소 느끼하여 과일을 좀 먹었으면 좋겠다 생각되었다.

다시 차를 타고 선교센터로 돌아와서 30분 정도 쉬고 나서 환자 진료를 위해 식당 쪽으로 가 보니 벌써 다 준비해 놓고 환자를 기다리고 있었다. 그사이 쉬지도 못하고 계속 진료 준비를 하고 있는 우리 대원들이 대견스러워 보였다.

정말 봉사하겠다는 결심을 그대로 실행하고 있는 분들이고 참 신앙인들이라 생각되었다. 아까 고산족 교회에서 진찰받지 못한 사람들과 센터 주위에 사는 사람들, 센터의 학생들이 모두 기다리다가 진찰을 받기 시작했다.

이제 가져온 약도 상당히 소모되어 바닥이 보이는 약병도 있었고 새 약병을 열어야 할 판이었다. 이번 진료에는 약을 많이 보강하여 진료에 거의 어려움이 없는 상태이다. 항상 약이 부족하여 신경이 쓰이는 우리 교회의 노인반 진료가 생각이 났다. 경제적으로 어려운 분들이 많고 약 한 알이라도 더 받으려고 하여 내가 항상 예배도 다 드리지 못하고 내려와서 진찰해주기를 기다리는 노인분들이 매번 30~40명은 됐고 전체 노인 수는 80~90명 되었다. 내 나름대로 그분들을 위해 노력하고는 있으나 교회에 부담을 주기 싫어 내가 직접 약을 조달해 왔으나 부족한 것이 많았다. 진찰받고서 약들을 받아 간다. 이번 진료에 처음 참가한 젊은 정형외과 선생은 주사 처방도 하고 간단한 시술도 하며 열심히 사람들에게 봉사하고 있었다. 진료하지 않을 때도 다른 부서의 일을 도와주고, 대단히 좋은 인상을 주고 있었다.

오후 늦게 학생들이 하교한 후 진찰을 받으러 오고 있었다. 소아과가 바빠지고 있었다. 24개월 된 남아가 체중이 부쩍 올라 비만이 된 상태였다. 아기 엄마도 비슷하게 뚱뚱하다. 어릴 때부터 너무 많이 먹어서 유전적 소질이 있는 아이들이 비만 체질이 되어 버린 것이다. 쉽게 살을 빼지도 못하니 평생을 이렇게 살면서 각종 질환이 생겨 젊은 나이에 사망도 할 수 있을 것이다. 오후 진료를 끝내고 저녁 식사는 센터식당에서 닭볶음과 김치를 곁들어 먹게 되었는데, 센터 소장 목사 사모가 만들어 내놓은 것이란다.

한참을 기다려서 배식순서가 되었고 나는 음식을 조금씩만 담아서 먹었고 닭볶음탕이 맛있었다. 저녁 식사를 하기 전에 낮에 고산족 마을에서 보았던 경찰이 침을 맞으러 왔기 때문에 한방 선생들이 침을 놓아 주느라 식사를 못 하고 있었다. 특별히 침을 잘 놔주려는가 보다.

식당에는 태국 목사 사모가 반찬을 떠 주는데 이 사모의 눈매가 매우 예쁘게 보였다. 여학생 중에도 눈썹이 까맣게 길고 서양사람처럼 생긴 여학생도 있었는데 부모는 고산족 마을에 살고 있다고 하였다. 늦게 한방 팀이 식당에서 식사를 하고 있었다. 자신이 먹은 그릇은 자신이 비우고 물에 헹구는 것이 이 센터의 규칙이다. 학생들이 손수 하면 인건비도 줄일 수 있을 것이다.

숙소에 돌아오니 아직 다들 돌아오지 않았고 나는 오늘 일기를 이것, 저것 적으니 내용이 상당히 많다.

이제 의료봉사도 내일 하루나 모레 반나절이면 끝난다. 힘들지만 나름대로 그들에게 조금이라도 도움이 된다면 그것이 나의 보람이 될 것이다. 오늘 잠을 잘 자기 위해 보나링정 반쪽을 먼저 먹고 보기로 하였다. 아내에게 전화하고 잠을 청해본다.

치앙마이의 밤을 맞으며…….

9월 24일

오늘은 어쩐지 사람들이 새벽 일찍이 일어나서 화장실에서 세수하고 물을 푸고 말하는 소리가 덜 들린다. 6시 10분 전이라 빨리 면도하고 세수하니 6시이다. 아직 사람들이 예배소에 오지 않아 물어보니 6시 반에 모이기로 했다고 한다.

다소 시간이 있어 주위를 정돈하고 예배를 보게 되었다. 오늘 말씀은 고난에 대한 내용이다. 고난은 우리를 단련하기 위해서 하나님이 허락하시고 또 이를 잘 이겨내면 더 큰 영광이 기다린다는 내용의 설교 말씀을 듣게 되었다.

오늘은 오전에 먼 거리를 이동하여 치앙라이 쪽 고산족 어린이센터로 가서 진료하기로 했다. 차는 속력을 내어 계속 앞을 향해 달려 나갔다. 왕복 1차선 도로는 커브 길도 많고 높았다가 낮아지는 높낮이가 큰데 나름대로 잘 달려갔다.

마주 오는 차와 부딪쳐서 사고가 날까 걱정도 되었다. 5년 전에 왔을 때도 어린이센터에서 진료했던 기억이 나는데, 그때 돌봐 주던 아이들이 15명 정도 됐던 기억이 났고, 이번에는 다른 어린이센터이고 인원은 50명 정도 되고 교회당도 있고 주로 초등학교 아이들이라 했다. 이윽고 도착한 센터는 넓은 터에 건물이 잘 지어져 있었고 보기 좋아 보였다.

태국 각 지역에 예배소가 19개소, 어린이센터가 3개소 있고 메사이 선교센터에서 모두 관리하고 있다 했다. 이곳에도 봉사하는 선교사들이 있고 호주에 이민 갔다가 봉사하러 온 한국인 장로도 있었다. 신학교를 마치고 태국에서 봉사하기 위해 태국어를 배우고 있는 전도사도 있었다.

모두가 다 하나님의 영광을 위해 수고하는 사람들이고 앞으로 하늘나라에서의 상급이 클 것이다. 소아 환자들이 많았고 특히 치과는 환자가 많이 밀리는데 치과 선생이 꼼꼼히 잘 봐주고 있었다. 작년에도 다른 치과팀이 왔다 갔고 그때 치료받은 것이 잘 됐다고 했다.

내과 환자들도 역시 두통, 복통, 감기나 혈압이 높은 환자들이었다. 대부분 환자에게 약을 많이 주지 못하고 1~2주 투약해 주지만 옛날에 비하면 더 주는 편이다. 호주에서 온 장로님은 위장장애를

호소하고 있어 약을 조제하여 주고 효과를 볼 수 있게 잘 설명해 주었다.

점점 하늘이 어두워졌다. 내일 오전까지 진료를 예정하였으나 오늘 좀 늦게까지 진료를 하고 내일은 떠날 준비를 하면서 주위에 관광을 가도록 했다.

우리 여자 대원의 언니 부부가 책임지고 있는 어린이센터도 있지만 시간이 맞지 않아 진료는 해 주지 못하고 필요한 약품만 전달하고 단장과 몇 사람이 방문하기로 했다.

지난번에는 진료도 해 주었고 떠나는 날 공항까지 전송하러 나왔던 것이 기억났다. 이번에는 도착 당일에 공항으로 마중 나왔고 일행과 잠깐 인사도 했다. 한국에는 가지도 않고 부부가 이 태국 땅에서 고산족 아이들을 위해 계속 봉사하고 있다고 하는데 참으로 대단한 분들이라고 생각되었다. 그 동생도 우리 진료팀에 한방진료를 도우며 벌써 10년 이상 봉사해 오고 있으며 고 2학년 아들도 동행해서 봉사하기로 했다는데 얼굴이 지난번에 본 누나와 많이 닮았다.

치과는 아직 볼 환자들이 남아 있었고 단발머리 여학생과 머리를 바짝 깎은 남학생들이 있었다. 남아 있던 과자를 하나씩 주었더니 두 손을 합장하고 받는다. 어릴 때부터 예절교육이 잘 된 상태이고 태국인들이 어디서든지 두 손 모아 감사의 표시를 하는 것을 보게 된다.

태국 국민들은 어릴 때부터 국왕을 신처럼 모시는 교육을 받아 왔고 승려들도 존경을 받아 왔는데, 한 때는 승려가 너무 많아 생산인구가 부족할 정도가 된 적이 있었다고 했다. 이들은 태국국민의 정신적인 지주이고 그래서 태국이 수백 년 간 외침을 막아내고 국가를 유지할 수 있었던 것이다.

최근에 와서 일부 국민들의 국왕제에 대한 반감과 저항이 있어 보이고 지난번 포퓰리즘으로 지방민과 빈민층에게서 지지받은 탁신 전 총리가 태국을 큰 혼란 속에 빠트렸고 그 결과 유혈사태까지 갔던 것이 기억이 났다. 여러 날 대치하다가 해산되었지만, 아직도 그 내부의 불씨는 그대로 남아 있어 언제 다시 터질지 모르는 상태라 한다. 여하튼 큰 희생 없이 현 정부도 불만 세력의 말을 잘 들어 정책에 반영하고 친 탁신계도 국가를 더 혼란에 빠지지 않았으면 했다. 그런대로 밥은 먹고 살아왔지만, 빈부격차가 자꾸 벌어지고 서로 간에 이질감이 커지고 있고 총인구의 3% 되는 왕족들이 전국부의 90%를 그들이 장악하고 있는 실정이니 얼마나 잘 개혁이 이뤄질지는 모르겠다. 그런 면에서 대한민국은 모범이 되는 국가라 하겠고 우리 국민들의 지혜와 노력이 많이 돋보인다 싶었다.

오늘도 저녁 식사는 테스코로 가서 80바트까지 시켜 먹을 수 있게 해 주는데 일식 초밥과 과채 무침과 환타 한 컵을 시키니 딱 맞았다. 대원들이 시켜온 음식을 같이 조금씩 맛보니 각각의 음식 맛이 다 좋았다.

저녁 식사를 잘하고 이제는 밤에 잘 호텔로 차를 타고 가는데 도착한 호텔은 외부가 다소 오래된 듯하였고 배정받은 방은 그런대로 깨끗하고 괜찮아 보였다. 화장실 변기 뚜껑은 누렇게 변색이 되어 오래된 모습이다. 다음 날 아침 바쁠 때보다 그날 저녁에 대변을 보고 샤워를 했는데, 화장실 변기 물을 내리고 나니 어떻게 되었는지 계속 물이 흘러나왔다. 내가 손잡이를 눌러 끝나게 하려 해도 도무지 중단할 수가 없었다. 마침 방을 같이 쓰는 기자 목사에게 말했더니 카운터로 전화하고 사정을 이야기하고 기다렸으나 연락이 안 됐다. 하는 수없이 직접 내려가서 이야기하니 기술자가 올라와서 이리저리 만져보더니 안 되겠는지 아예 물을 잠가 버렸다. 내일 아침에 다시 고치러 올 모양이다. 잠은 태국에 온 이후로 침대에서 처음 자게 되었는데 푹신하고 피곤이 풀리는 기분이었다. 옆 침대의 기자 목사 아들은 자다가 침대에서 떨어질까 하여 아래에 담요를 깔고 베개로 받쳐 놓았다. 아빠를 따라와서 어린 나이에 힘들 것 같았다.

태국 와서 처음으로 잠을 푹 잔 것 같았다. 아침 6시 반경에 잠을 깼는데 밤중에 한번 소변이 마려워 잠을 깨서 소변을 보았다. 내가 코를 골았냐고 물어보니 조금 골았다고 했다.

9월 25일

오늘은 아침에 날씨가 확 개고 좋다. 오전에 치앙마이의 명소를 구경하기로 했는데 아침 식사는 호텔 로비에 차려진 양식과 태국식이 합친 것을 먹었고 먹을 만하였다.

차를 타고 한참 간 곳은 5년 전에도 갔던 국왕 모친의 저택으로 큰 열대식물을 많이 심어 놓았고 잘 조성된 정원으로 한번 구경해 볼 만한 곳이다. 입구 쪽에 차를 내리는데 비가 억수같이 퍼붓는다. 우산도 없고 이 비를 맞으며 구태여 구경할 엄두가 나지 않아 이전에도 구경했던 여러 대원들은 그대로 남아 있기로 하고 대신 과자와 음료를 사서 먹으며 이야기를 나눴는데, 쌀로 만든 과자라 고소하고 맛있었다.

시간을 보내고 있으니 일행들이 구경을 끝내고 나오고 있었다. 다시 차를 타고 이제는 미얀마와 접경한 메사이에 가서 관문도 구경하고 시장 구경도 하기로 했다. 이전에 와 본 곳이라 얼마나 달라졌는지 궁금하기도 했다. 차도 빨리 달려 곧 당도하였다. 멀리 관문이 보이고 영어와 태국어로 써놓았다.

미얀마로 들어가려면 여권을 2장 복사해서 1장을 여권과 함께 태국 쪽에 맡기고 1장은 미얀마를 들어갈 때 제출하고 다시 태국 쪽으로 나올 때는 여권을 찾고 1장을 태국에 내놓는다고 했다.

우리 일행 중 단장인 이 원장이 미얀마를 들어갔다 왔는데 우리는 그저 구경만 했고 옆에는 그대로 들어가는 길도 있었는데 어떻게 될까 하여 넘어가지 않았다. 오던 반대쪽으로 시장통을 구경하면서 천천히 걸어 다니며 국경도시의 모습을 볼 수 있었다. 미얀마에서 건너온 듯한 사람들은 대나무로 만든 모자를 쓰고 얼굴 모습도 다소 달라 보였다. 여러 가지 물건들을 좌판에 늘어놓았는데, 5년 전에 이곳에서 구입한 옷에 보푸라기를 깎아내는 전기도구를 샀다가 그 이후 곧 고장이 나서 사용하지 못했던 기억이 났다. 중국 물건들이 많았고 불량제품 수준으로 보이는 것도 있었다.

미얀마 쪽에서는 주로 농산물을 가져다 팔고 태국 쪽에서는 공산품이 더 많이 들어가게 되는 것 같았다. 평소 길거리인 아스팔트 도로에도 좌판을 벌이고 장사를 하고 있는데, 경찰이 가게를 조사하면서 기록하고 있었다. 판매하는 물건들을 확인하고 있었다. 과거 태국에 미얀마가 침입하여 큰 피해를 보았고 그 결과로 두 나라 사이가 안 좋았는데 요사이는 그런대로 잘 지내고, 미얀마 군사 독재정부도 다소 간 개방하고 교역을 통해 서로 이득을 얻으려고 하는 것 같았다. 미얀마는 군인이 되려는 젊은이들이 많고 그들에게 충성을 바치게 하고 그 젊은이들의 앞날을 보장한다고 했다. 그래서 군사 독재정부가 유지되고 있다는 것이다. 아웅산 수지 여사를 감금하고 국민들을 억압하여 그들의 일부가 권세를 잡고 있으나 언제까지 유지될지는 미지수이다. 4시까지 모여서 차를 타고 방콕으로 가기 위해 치앙라이 공항에 도착하니 들어오던 때보다 건물이 눈에 익어 보였다. 그래도 국제공항이라고 영어로 써 붙여 놓았는데, 우선 검색대를 통과하고 기다렸다가 우리 짐을 부치고, 나는 가방 한 개만 들고 출입국 심사대를 통과했다. 비행기 탑승을 위해 대기 의자에서 기다리나 아직 사람들이 별로 없었고 우리 일행이 주로 앉아 있었다.

그사이 나는 일기를 열심히 쓰고 있는데 다른 대원이 물어보면서 다소 놀라는 눈치다. 지금 방콕에서 막 도착한 비행기에서 승객들이 내리고 있고 그 비행기를 정돈하고 다시 방콕으로 우리를 태우고 가게 된다. 개찰이 시작되어 우리 일행이 먼저 탑승하게 되었고 이후에 태국사람들이 연속 들어 오고 있었다. 오늘이 토요일이라 주말에 방콕에 있는 가족에게 가는 지방근무자들이 주로 이 비행기를 이용하는 것 같았다. 비행기는 8줄짜리 보잉기였고 예쁘게 생긴 태국 여승무원과 남자 승무원도 보였다. 태국 신문을 하나 가져다 보는데 뱀이 이리저리 모양을 바꾼 듯한 태국글자로 기록한 신문의 내용은 잘 모르지만, 사진이나 그림만 보고 넘어갔다. 그중에는 여성의 나체를 거의 내놓은 듯한 그림도 있었고 여러 분야에 대해 다양하게 취재해 놓았다. 비행기가 이륙하여 기체가 안정되고 나니 조그마한 빵 과자를 저녁 간식으로 주는데 내일 아침 식사는 내일 새벽에 줄 모양이다.

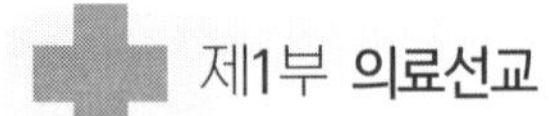

태국 라후 고산족

서기 668년, 나당연합군에 의해 멸망당한 고구려인들은 당나라로 끌려가야 했다. 당나라에서는 고구려인들이 워낙 강한 민족이다 보니 반란을 일으켜 재기할까 걱정이 되었다. 그래서 고구려인들을 중국 끝자락인 청해성 농우로 강제이주시켰다.

▲ 태국 북부의 라후 고산족

이들의 후예가 티베트와 가까운 운남성에 거주하고 있으며 '라후족'이라 불린다. 저항정신이 강한 이들은 중국 정부와 끊임없이 분쟁하면서 남쪽으로 이동하여 대부분 미얀마로 넘어갔고 그 일부는 태국과 라오스로 넘어가 정착하게 되었다(사진).

라후족은 중국 원남성에 45만 명이 살고 있고 미얀마에 15만 명, 태국에는 10만 명이 북쪽 치앙마이와 치앙라이 등지에 살고 있다.

라후족의 생김새와 언어구조와 생활방식이 우리와 너무 흡사하다. 나 자신을 '나'라고 말하고 상대를 '너'라고 하고, 여러 사람을 '너희'라고 하며, 어순이 우리와 같이 주격, 목적격, 동사의 순으로 되어있다. 김치를 담가 먹고 된장을 만들어 먹고 더운 지방에서 주로 먹는 부슬부슬한 안남미보다 찰기가 있는 찹쌀밥을 아궁이에 불을 때서 짓고 인절미를 만들어 먹으며 대나무통에 찹쌀을 넣어 숯불 속에 쪄서 먹는 것이 우리나라와 똑같다.

삼국사기 고구려본기에 의하면 당나라 고종이 패망한 고구려인 38,300호를 잡아가 중국 남쪽 광막한 땅에 옮겼다고 기록되어 있다. 남자가 결혼하면 처가살이를 하고 혼인식 때에는 닭을 옆에 두고 식을 올린다. 형이 죽으면 동생이 형수를 아내로 맞는 형사취수의 풍습과 아이를 낳으면 문밖에 금줄을 쳐서 외부 사람이 못 들어 오게 하였다.

설날이 제일 큰 명절로 아이들은 색동옷을 입고 여인들은 머리에 구슬을 달고 장식하기를 좋아하고, 떨어져 있던 가족들이 와서 만난다. 새해 아침에는 돼지머리를 놓은 제사음식을 올리고 주변을 돌며 지신밟기를 하는 것으로 평온과 풍년을 기원하는 의식을 행하고 있다.

캄보디아 의료선교(2006년 8월 14~19일)

8월 14일

7시까지 인천공항에 집결하라는 김 총무의 부탁이 생각나서 그 전날에 좀 일찍 자려 했는데, 그렇게 되지 못했다.

청계산에서 이 원장 일행과 만나서 폭포 계곡 초입에 자리 잡고 시간을 보내다 내려와 이수 산장에서 정형과 합류하여 저녁을 먹고 노래 실력을 발휘하자고 송파 노래방에 가서 밤 11시까지 노래를 부르고, 늦게 집에 와서 이것저것 준비하고 미국에 전화하니 밤12시가 훨씬 넘었다.

아침 6시에 일어나 급하게 세면을 하고 아침밥도 좀 찾아 먹고서 집을 나서니 6시 35분이 지났다.

인천공항 가는 버스가 곧장 도착하여 7시 45분에 인천공항에 도착하였다. 우리 일행이 와있을 타이항공 방콕행 매표소 K 구역에 와보니 이미 대원들이 다 와 있었다. 이미 짐들은 다 부쳤고, 김 총무가 방콕행 티켓을 건네주었다. 나는 간단하게 가방 하나가 짐이라 간편해서 좋았다. 의자 위에 가방을 내려놓고서 일행과 인사를 나누고 가볍게 한담을 했고 일부 대원들은 음료와 김밥을 먹었다. 나는 더 먹고 싶은 생각이 없었다.

한참 한담을 나누다가 출국장으로 가려는데 내 가방이 보이지 않았다. 부근을 다 돌아봐도 보이지 않았다. 재작년에 태국 의료선교 갔을 때 방콕행 비행기 안에서 지갑을 가방 속 깊이 넣어 두고서 분실한 줄 알고는 신용카드 사용 정지를 신청하기 위해 방콕공항에서 한국으로 힘들게 국제전화하면서 고생하다가 나중에 가방 속에서 지갑을 발견하는 해프닝을 벌렸던 일이 문득 생각났다. 당시 함께 간 일행에게 적잖은 부담을 주었던 기억이 났다. 다시 자세히 보니 치과 이 원장 등 뒤에 있던 내 가방이 보였다. 안도의 한숨이 절로 나왔다.

출국장은 당시의 런던공항 테러 적발로 인해 경비가 더 강화되었다. 미국에서처럼 허리띠까지 풀어 내어놓게 하였다. 테러 탓에 무관한 여행객들만 더 힘들어졌던 것이다.

출국 심사를 잘 끝내고 나니 아직 시간이 남았다. 여자들은 면세 화장품을 사 들고 들 왔다. 나는 구입할 물건도 없어 그저 개찰구 앞 대기 의자에 앉아 기다렸다.

비행기는 타이항공의 보잉기로 각 8석짜리로 다소 작은 비행기이다. 비행기 속은 좁아 보였고 좌석도 더 작아 보였다. 창가 쪽 좌석을 배정받아서 밖을 내다볼 수 있었다.

비행기는 한국 서해안을 따라 남쪽으로 날아갔다. 이윽고 남중국해를 지나서 인도차이나반도의 방콕공항에 도착하였고 통과 승객이 머무는 2층으로 올라 갔다.

2년 전에 와봐서 눈에 익은 곳이고 여기서 지갑을 잃어버린 줄 알고 헤프닝을 벌였던 곳이다. 상당히 더워 많은 승객들이 기다리다 졸기도 했고, 일행들은 위층으로 쇼핑도 가고, 나는 가까운 가게에서 태국 우표집 한 권과 태국 전통음악 CD도 한 개 샀다. 물가가 좀 비싼 편이다. 출발 시간이 다 되어 프놈펜으로 출발하는 아래 대합실로 가서 기다렸다. 그곳은 좀 시원하였고 시설이 좋은 편이었다. 사람들이 아주 많았는데, 서양인들과 한국인들도 군데군데 보였다.

2년 전에 치앙마이로 갈 때 여기서 비행기를 탔던 기억이 났다. 셔틀버스가 우리를 태우고 공항 주위를 빙 돌아 프놈펜행 비행기 앞에 우리를 내려놓았다. 비행기는 한국에서 타고 온 크기의 타이항공 비행기였다. 비행기가 뜨고 얼마 되지 않아 기내 서비스가 시작되었다. 물수건과 알몬드가 나왔다. 이어 기내식을 주고 빨리 빈그릇을 회수해 갔다. 타이항공은 공중서비스를 열심히 하는 편이다. 1시간여 지나니 프놈펜공항이라고 방송했다.

프놈펜공항은 방콕공항보다 훨씬 작으나 새로 지은 국제공항이었다. 짐을 챙겨 출국장에서 순서를 기다리는데, 미국 입국 시에 보는 홍채 확인 렌즈기를 갖다 놓은 것이, 까다로운 미국식 입국 절차를 흉내 내는 듯하여 슬며시 웃음이 나왔다. 이제는 새 공항을 건설하고 전산화된 수속 절차를 만들면서 약간 지연됨을 양해바라는 안내

문도 보였다.

300만 명 이상의 무고한 인민들을 살해한 폴포트 정권은 역사의 심판을 받아서 사라졌고 이제 이 나라는 새 정권이 들어서서 문호를 개방하고 근대화를 적극적으로 추진하고 있었다.

그래서 한국과의 관계도 더 밀접해지고 한국인들도 관광사업 협력차 많이 방문하고 거주하는 교민 수도 프놈펜에만 1,000명이 더 되고 한국음식점도 10여 개 되고 엔실립에는 20개나 있다고 하였다.

통관하여 공항 밖에 나오니 우리를 기다리는 버스가 대기하고 있었다. 한국에서 수출한 중고차였다. 시원하게 에어컨을 가동시켜 놓고 프놈펜의 호텔로 향하였다.

우리가 머물 호텔은 궁정호텔로 고급스러웠다. 각자 방을 배정받았는데 나는 한방과 조 원장과 함께 같은 방을 쓰게 되었다. 환경이 바뀌면 잠을 잘못 자기도 하여, 먼저 조 원장이 씻고 잠자리에 들었다. 이내 잠이 들었고 나도 잠을 청해 보지만 잠이 잘 오지 않았다. 한참 뒤척이다 잠깐 잠이 들게 되었다.

소변이 마려워 다시 잠을 깼는데, 새벽 4시다. 다시 잠을 청하나 옆 사람 코 고는 소리에 잠을 못 자고 눈을 감고 누워만 있어야 했다. 조 원장이 일어났다. 새벽 5시이다. 6시까지는 더 누워있을 생각이었다.

6시에 일어나 멍한 머리로 면도를 하였다. 일회용 면도기가 작동이 잘 안되어 겨우 면도를 했다. 세수 후 아침 예배를 보기로 한

518호실에 가 보니 우리 대원들이 거의 다 모여 있었다.

8월 15일

오늘은 한국의 광복절이다. 김 총무 사회로 예배를 드렸다. 박 장로가 사도신경의 말씀을 읽고 당부의 말씀을 했고 찬송과 주기도문으로 예배를 끝냈다.

호텔 식당에서 아침 식사를 하였다. 볶음밥, 쌀죽, 닭죽, 빵, 과일, 김치와 계란 등이 있었다. 아침은 비교적 간단하게 먹도록 준비해 놓았다. 아침 식사에 한국에서 가져온 고추장, 김, 장아찌도 가져와 함께 먹었다.

아침 식사 후에 우리가 진료할 보건소까지 실어다 줄 버스가 왔다. 역시 한국에서 수출한 중고 버스였다. 에어컨이 잘 가동되지 않고 있었다. 가다가 다른 차로 바꿔서 가게 됐다.

프놈펜에서 1시간 이상 달려서 우동이란 곳의 보건소 건물 안에서 진료를 하게 되었다. 가는 도중에 보이는 풍경은 야자수가 높다랗게 곳곳에 많이 보였고 이곳이 열대지역이라는 실감을 나게 해주었다. 곳곳에 벼가 자라고 있었다. 현재 우기가 5월 이후도 계속되고 있고, 6개월째 된다고 하였다. 5, 6월에 비가 주로 오고 지금은 덜 와야 하는 시절이라 했다. 비가 부슬부슬 내리다가 그치기도 하고 해가 비칠 때도 있었다. 그럴 때면 대단히 덥고 섭씨 40도 이상

된다고 하였다. 마을 사람들이 벌써 많이들 와서 기다리고 있었다.

보건소 건물은 잘 지어져 있었고 입원환자를 위한 병실도 있었다. 치과 진료실에는 치과기기가 있었으나 낡았고 먼지도 끼어 있어 잘 사용하지 않은 모양이었다.

진찰실 책상에는 이곳에서 사용하는 약명을 적어 놓은 리스트가 보였는데, 프랑스어로 표기되어 있었는데. 우리가 대부분 아는 약들이었고 다소 옛날 약들도 있었다.

나와 박 원장이 내과, 소아과를 보게 되었고 환자들이 계속 진찰을 받기 위해 들어 오고 있었다. 이 지역 사람들은 우리보다 체구가 작고 얼굴은 까무잡잡하고 마른 편이었다. 아이들도 잘못 얻어먹는지 발육이 신통해 보이지 않았다. 전쟁이 끝나고 20년이 되었는데도 아직 경제적 어려움이 커 보이고 영양 상태는 불량하며 위생시설도 불비하고 후생개념이 확립되지 못한 상태로 보였다.

이 나라에서 앞으로 해야 할 일들이 너무나 많이 산적해 있어 보였다. 국가는 돈도 없고 그래서 외국에서 원조도 받으며 여러 방면으로 활발히 교섭하고 있다 하였다. 주로 소화기병 환자, 고혈압, 관절염, 피부병, 기생충 등의 병이 많이 있었다. 영양부족과 비위생적인 물 때문에 생기는 질환들이 많아서 빨리 위생시설을 갖추기 위한 노력이 필요해 보였다.

오전 진료를 끝내고 도시락을 먹게 되었는데 소고기를 잘라서 몇 점 넣었고 무짠지로 밥을 먹었다. 다소 양이 많았고 다 먹으니 배가 부르다. 한국을 떠난 이후 비행기에서부터 식사를 꼬박꼬박 챙겨 먹었으니 뱃가죽이 더 두꺼워지고 살이 찌고 있는 것이 보였다. 가급적 적게 먹고 많이 움직여야겠다는 생각이 들었다.

간밤에 잠을 잘못 잔 때문인지 머리가 무겁고 아팠다. 식사 후에 다시 진료를 시작하였고 거의 기계적으로 환자를 봤다. 빨리 끝내고 들어가서 실컷 자고 싶었다. 부지런히 환자를 다 보고 나니 아직 미용 봉사하는 곳은 끝나지 않고 있었다. 내가 수고하는 분들 얼굴에 붙은 머리카락도 떼어내 주고 바닥에 흩어진 머리카락도 쓸어 담아 주었다. 이번에 미용 봉사하는 사람은 3분이라 훨씬 여유가 있어 보였다.

다시 짐을 버스에 싣고 프놈펜으로 돌아가게 되었고 우리 일행은 큰 음식점 앞에 차를 대어 놓고 저녁식사를 하러 3층으로 올라갔다. 큰 음식점이라 1, 2층에는 많은 사람들이 열심히 식사를 하고 있었는데, 이 집은 전번에 타이 치앙마이에서 먹어 봤던 샤브샤브 요리점이다. 여러 가지 식재료를 가져와서 뜨거운 물 속에 넣어서 삶아지면 건져내 초간장에 찍어 먹는 식이다. 나중에 남은 국물에 계란을 넣고 밥을 비벼 먹었다.

저녁 식사를 잘하고 우리는 다시 숙소인 궁전호텔로 오게 되었는데 나는 조 원장과 헤어져 4층 417호실에 혼자 자게 되었다. 코 고는 소리 때문에 내가 잠을 잘못 잔다고 총무에게 이야기가 들어간 모양이었다. 미안한 생각이 들었다. 피곤한 몸을 씻고서 이불속에 들어가니 저절로 잠에 빠져들었다.

아래층에는 오늘 개장한 노래방에서 한국사람들이 부르는 노래소리가 상당히 크게 들려 오고 있었다.

8월 16일

지난밤에는 잠을 잘 잤으나 새벽에 소변 마려워 5시 반경에 깼다. 예배시간인 6시에 맞추어 면도하고 세수하고 갔더니 아침 예배가 시작되기 전에 도착했고 앞자리가 있어 앉았다.

김 총무의 사회로 다시 사도신경 낭독, 찬송, 성경 봉송과 주기도문의 순서로 예배를 끝냈다.

오늘도 우동 지역으로 가서 초등학교 건물에서 진료하기로 했다. 아침 식사는 역시 호텔에서 했는데 어제와 똑같은 음식이 나왔다. 그런대로 배를 채우고 나니 노곤해졌다.

오늘 우리를 태워 갈 작은 버스가 왔고 짐은 다른 승합차에 실었다. 어제와 같이 시가지를 지나 아스팔트 포장된 길을 달렸다.

비는 자주 오고 초목은 무성하게 잘 자라고 있었다. 아직도 농사를 짓지 않는 땅이 보였고, 이제 막 모를 심기 위해 이제 모종을 가져다 놓은 데도 있었다. 날씨는 언제나 덥고 비가 많이 와서 벼농사에는 좋은 환경이었다. 1년에 3모작도 가능하다고 하는데, 이 나라가 전쟁만 없었다면 모두가 다 먹고살기에는 문제가 없었을 거라 했다.

사탄의 사주를 받은 폴포트가 300만 명이나 되는 국민을 잡아 죽이고 우민정치를 하겠다고 발악하던 시기가 있었다. 이제 그들은 없어졌고 다른 정권이 들어서서 나라를 재건하려고 하고 있다. 한국도 여기에 적극 동참하여 많은 원조를 하고 있으며 또 여러 단체에서도 이들을 돕기 위해 노력을 하고 있었다. 차는 우리 일행을 길가의 조그만 학교 앞에 내려놓았다.

까무잡잡한 아이들과 노인, 여자들이 여러 사람 와서 기다리고 있었다. 짐을 나르고 교실 안의 책걸상을 모아 진료실로 만들었다. 비는 그쳤으나 날씨는 흐렸고 가끔 비가 올 때도 있었다. 화장실은 학교 뒤에 떨어진 곳에 있었고 태국처럼 수세식이었다. 용변 후에 직접 바가지로 물을 퍼서 씻어 내리게 했다. 눈을 다친 노인, 머리와 팔에 농가진이 생긴 아이, 혈압이 높은 어른, 위장이 아픈 사람 등 여러 종류의 환자들이 있었고 기생충 때문인지 바짝 마른 사람도 보였다. 가져간 구충제를 먹이고 위장약도 1주 정도 복용할 수 있게 지어 주었다. 옆의 박 원장은 소아환자들을 진찰하고 약은 3일씩 주었다. 검은 피부가 번들거리고 눈썹이 진하고 길게 생긴 모습이 인도 계통의 혈통을 받았는지 다소 서구적인 얼굴 모습이었다. 교실 천장이 높아서 더운 것을 덜 느끼게 하였다.

오전 진료를 끝내고 어제와 같은 도시락을 먹었다. 어제는 다 먹어 배가 부른 상태였으나 오늘은 반찬이나 밥을 조금 남겼다. 밥을 먹고서 다들 학교 뒤의 들판으로 나갔다. 졸려서 의자에 누워 잠을 청해 보니 순식간에 잠이 들었나 보다. 잠시 후에 눈을 떠 보니 밖에 나갔던 대원들이 들어와 있고 박 원장이 나를 찾고 있었다. 밥 먹고 졸려서 잤다고 하니 전체 사진 찍는데, 나를 포함해서 2명이 빠졌다고 했다.

오후 진료는 어른들이 더 많이 와서 오늘은 80명 정도 진료한 셈이었다. 옛날 중국에서처럼 많은 환자를 진료하지는 못했으나 한 사람, 한 사람 찬찬히 볼 수는 있었다. 오후에는 밖에서 바람이 불어와 진료가 훨씬 더 편해졌다. 여기 아이들은 신발도 신지 않고 잘 돌아다니고 있었다. 어떤 아이는 발바닥의 크기가 다른 아이들의 두 배 정도로 커 보였다. 신을 못 신다 보니 발바닥이 저렇게 넓어졌나 싶어 눈이 자주 갔다.

함께 갔던 목사에게 그 아이 신발을 사줄 수 있느냐고 물었더니 반 달러면 사줄 수 있다 하여 1달러를 주었다. 다른 아이들은 빈 물병을 모으고 있었다. 이것도 폐품으로 활용하면 돈이 되는 모양이었다. 과거 우리나라에서도 6.25동란 이후 전쟁고아가 많았고 생활이 힘들어 깡통, 넝마를 줍던 아이들과 어른들도 많이 있었던 기억이 났다.

진료가 다 끝난 후 아이들과 사진도 찍고 악수도 하고 헤어졌다. 다시 버스를 타고서 프놈펜으로 돌아왔다. 그날 저녁에는 한식을 먹기로 해서 차가 골목길을 들어가더니 한국식당에 도착했다.

안에 들어가니 이미 큰 방에 음식을 차려 놓았다. 배추김치, 오이무침, 김, 두부, 생선 자반 등 전부 한국 음식이었다. 배가 고파 밥 나오기 전에 젓가락질해서 반찬을 먹었다. 밥은 이곳 쌀로 지었는데 물을 더 부어 잘 쪄서 그런지 덜 설익은 것 같았다. 이 집은 한국 사람이 주인이라 했고, 한국 사람들도 다수 보였다. 음식점 간판에는 작은 도마뱀(까꾸)들이 붙어서 돌아다녔다. 짓궂은 조 원장이 한 마리를 잡아 입속에 넣는 흉내를 내니 여자들이 소리를 질러댔다.

식사 후에 다시 차를 타고 숙소로 돌아오니 그날 하루가 끝났고 목욕하고서 TV를 틀었다. 이곳 방송은 화면이 선명하고 채널도 여러 개이다. 중국 무협류가 많고 캄보디아 배우들이 등장하는 드라마도 있었다.

한 남자를 사랑하는 여자가 있는데, 남자가 병으로 다 죽게 되어 병원에 입원하였으나 그 후 자의 퇴원하였고 남자가 죽은 줄 알고는 여자가 슬퍼하는데, 아직 살아있던 남자가 병세가 악화되어 친구인 의사가 와서 응급처치하였으나 효과를 못 보고 죽게 된 것으로 생각되었으나, 다시 정신이 돌아와 그 여자가 와서 만나고 좋아 눈물을 흘리고 뭐, 그런 내용이었다. 오늘도 아래층 노래방에서는 노래 소리가 들려 오고 나는 잠을 청했다.

8월 17일

아침에 김 총무가 각 방에 기상 연락을 하지 않았는데, 시계를 보니 6시 10분이었다. 후다닥 일어나 빠르게 면도를 하고 나니 6시 30분이 다 되었다. 518호실에 가니 대부분 다 모여 있었다.

순서대로 예배를 보았다. 박 원장이 오늘은 말라리아 예방약을 꼭 복용하라 했고 혹 에이즈 환자도 있을지 모르니 특히 치과 진료시에는 조심하도록 신신당부하였다.

오늘 진료하러 가는 지역은 프놈펜의 변두리 지역으로 철둑 아래 빈민촌이라 하였다. 우리가 탄 버스는 30여 분을 달려 큰길에서 하차했고, 골목길을 상당히 걸어 들어갔었다. 길가에 조그마한 구멍가게에는 물건들을 매달아 놓고 있었다. 코흘리개 아이들 군것질감들이다.

한참 더 가니 좁은 철도가 나오고 더 따라가니 언덕 아래 다소 빈 곳에 흰 천막이 처져있었다. 이미 우리를 도와주기 위해 캄보디아 청년들(이들은 이곳에 파송된 성결교 목사의 제자 학생들임)이 이미 의자와 탁자도 가져다 놓았다. 어린애들이 수십 명 몰려와 떠들어 대고 있었다.

내가 대원들이 가져온 망고스텐을 아이들에게 한 개씩 나누어 주니 모두들 작은 손을 내밀고는 서로 달라고 하였다. 한 개씩 떼서 주는데 좀 더 키 큰 아이들은 힘이 세어서 더 잘 받아 가고 작은 아이들은 밀리고, 가져간 것을 다 주었고 한 50명에게 준 것 같았다. 아이들은 얼굴이 까무잡잡하고 눈망울이 한국 아이들보다 더 크고 모두가 말라 보였다. 잘못 얻어먹는 것 같아 보였다. 집이라 해서 보니 무슨 소 외양간만도 못한 곳에 사람들이 들어가 있었다. 어떤 허름한 집에는 소니 TV도 있었고 오디오도 보였다. 이 나라는 국민소득에 비해 공산품은 너무 비싼 것 같았다. 여러 선진국의 유명 메이커들이 이 나라에서도 돈을 벌기 위해 열심히 선전도 하고 있었다.

진찰대를 밖에 만들고, 치과 진료는 실내에서, 한방은 선풍기도 있는 방에서 했다. 이미 번호표를 나누어 주어 사람들이 많이들 오고 있었다. 진찰하는 뒤쪽 편에는 우물이 있었는데, 그 뒤에는 시커먼 물이 땅바닥에 가득 고여 있었고 좋지 않은 냄새를 풍기고 있었다.

이런 물 고인 곳은 모기가 많이 번식해서 사람을 물게 되면 여러 가지 질병들을 생기게 할 것이다. 배수로를 만들어 우물을 위생적으로 관리하려는 생각이 없어 보였다. 우물 주위에 쓰레기도 많이 쌓여 있었다. 너무 더우니까 아이들은 물을 길어서 머리에다 끼얹는다. 제일 쉬운 피서법이다.

이곳 환자들은 다리나 팔에 상처가 난 사람도 있었고, 어떤 청년은 우측 둘째 손가락 첫마디가 잘려서 수술을 받고 이제 막 실을 뺀 상태였다. 목과 팔에도 찢어져 꿰맨 상처가 보였다. 다른 사람한

테서 칼부림을 당했다고 했다. 이곳의 열악한 생활환경을 보여 주고 있었다. 다 못 살다 보니 자기들끼리 싸움질을 하고는 남의 몸에 상처를 만들고 있는 것 같았다. 이곳에 목사 부부가 한 번씩 둘러서 환자도 봐준다고 하였다. 목사 사모는 50세가 넘었고 과거 간호사 일을 해서 환자 처치에 많이 도움이 될 것으로 보였다.

날씨가 매우 더워 오고 조금 전에 쟀던 온도가 섭씨 35.5도로 한국의 최고 더운 여름 때와 같았다. 아직 우기가 다 끝나지 않았으나 오늘은 구름이 거의 다 벗겨지고 햇살이 매우 뜨거웠다. 환자들의 병은 노인성 고혈압, 위장병, 관절염과 영양실조 등이었다.

오늘은 아이들이 많이 와서 박 원장이 힘들어 보인다. 배가 아픈 사람들에게는 구충제를 한 알씩 다 먹이고 냉이 심한 여자들에게는 항균제 처방 외에도 간호조무사인 우리 대원이 질을 소독해 주고 질정도 넣어 주었다. 어제는 눈병이 난 사람들이 많았지만, 안약이 없어 안타까웠는데 오늘은 선교사한테서 받은 안약을 눈에 넣어도 주니 마음이 편해졌다.

진료하는 앞마당에 사는 할머니는 바짝 말랐고 음식도 잘못 먹는다고 했다. 그 집 아들은 군대에 가서 우측 다리를 절단당해 목발을 짚고 다녔다. 팔에는 해골 같은 얼굴과 발가벗은 여자 그림의 문신도 새겨 놓았다. 우리나라 조폭들이나 하는 문신을 하고 있었던 것이다. 이런 게 무슨 멋있는 것으로 생각들을 하는 모양이었다. 자신의 몸을 마구 다루는 것이 하나님께서 원하시는 일은 아닐 것이다.

대신 그의 딸아이는 눈썹이 멋있게 길고 눈도 크고 코도 오똑하여 얼굴이 예쁜 모습이었다 앞으로 잘 자라서 미스 캄보디아도 될 수 있지 않을까 생각하는데, 영양 상태가 좋지 못해 잘 자랄 수 있을지 걱정이 됐다.

오늘은 오전 진료만 하고 오후에는 북쪽의 앙코르와트 사원을 구경 가기로 했다. 가는 데만 7시간이 걸린다고 했다. 진료를 마감했는데도 이미 번호표를 받은 사람들은 다 봐줄 생각이었다. 또 자꾸 사람들이 들어 오고 있었다. 나름대로 빨리 진찰하고 약도 빨리 지어 주면 될 것으로 생각되어 계속 환자를 봤다. 12시를 넘었으나 와 있는 환자들을 다 보자고 앉아 있으니 박 원장이 일어나도록 했다. 마음이 내키지 않지만 어쩔 수 없었다.

이 지역에 사는 가난하고 힘들게 사는 사람들도 하나님께서는 다 아시고 그들을 보호해 주실 것이라 믿었다.

지난번 필리핀에 진료 갔을 때 마닐라 시의 외곽에 길게 늘어서 있던 빈민가를 본 기억이 새롭다. 그 빈민가에서 태어나 그곳에서 살다가 그곳에서 죽는 사람도 있다고 했다. 그들의 생애가 어떻게 되는지 하나님의 뜻이 무엇인지 잘 모르겠지만, 우리로 하여금 그들을 잘 돌보라는 뜻이 아닌가 생각도 되었다. 가능한 그들을 도와야겠다고 마음 먹었다.

총무가 그 집 가족과 함께 우리의 사진을 한 장 찍었고 다시 걸어 나와 우리 버스를 타게 되었는데 이제 보니 내가 소변을 보지 못해 방광이 가득 차 있었다. 차를 갖다 댄 길 앞 중국음식점에 부탁하고 용변을 보고 나오니 다른 대원들도 여러 사람 용변을 보기 위해 들어 오고 있었다.

이 집은 음식점이 아니라 중국인 개인 집인데 집 앞에 쓴 글씨가 꼭 중국음식점에서 보는 것과 같았다. 집주인은 화교이고 3대에 걸쳐 대가족이 살았고 우리가 한국에서 무료진료를 왔다고 하니 아들이 영어를 하며 알아들었다. 집주인에게 감사하다고 하고서 다시 버스를 타고 북쪽으로 달려갔다. 차 안에 냉방장치가 가동 중이었으나 햇살이 비치니 중고차라 기능이 떨어지니 더웠고, 졸렸다.

지나가는 먼 풍경을 보고 있으니 이국의 정취에 빠지게 되었다. 먼 곳에 야자수가 들어서 있었고 물 담긴 논에는 벼를 심어 놓은 데가 많았고, 집들은 아래에 지지대를 만들어 위층에서 생활을 하도록 해 놓았다. 홍수가 나도 침수가 안 되고 뱀이나 벌레들이 들어오지 못하도록 만들어 놓았다. 시에립 시가지에 들어서니 커다랗게 잘 지은 호텔들이 눈에 띄고 〈서울가든〉이라는 한글로 쓴 간판도 보였다. 한국 사람들이 1년에 20만 명 이상이 방문하는데 전 세계에서는 130만 명 이상 방문한다고 하며, 한국인 방문객이 5분의 1 정도가 된다고 하였다. 우리처럼 봉사를 왔다가 이 세계 10대 불가사의 유적지를 보러 온 사람들도 있을 것이고, 처음부터 관광목적으로 이곳과 태국 푸켓이나 다른 휴양지를 묶어서 단체관광을 하러 오는 사람들도 많았다.

한국 내에서는 서로 손님을 확보하기 위해 여행사들이 출혈경쟁을 해서 가격을 낮추고 있는데 신문에 난 관광 광고에는 대개 50만 원 선에서 광고하는데 사실 항공료 빼고 나면 이익이 크게 남지 않을 것 같은데, 관광지에서 물건을 사는 가게를 여러 군데 들르도록 하여 커미션을 받아 꾸려나가다 보니 자연히 무리가 가게 되고 관광보다는 물건 사도록 더 시간을 보내는 일이 생기고 있다 했다. 싼 것만을 좋아하는 한국인들을 상대로 하는 사업이라 힘이 들어 보였다.

우리 차는 노코로호텔로 들어갔다. 함께 동행한 선교사들은 좀 오래된 호텔이라 하나 좋아 보였다.

프런트에서 방을 배정받기 위해 기다리다 보니 더운 날씨에도 냉방장치를 가동하지 않고 있었다. 구내에 여러 가지 상품(옥돌공예품, 목공예품, 옷, 책 등)이 진열되어 있었다. 가격을 물어보니 꽤나 비싼 편이었다. 독방을 배정받았다. 계속 독방을 줄 모양이다. 시에립에서는 그날 저녁만 쇼핑할 시간이 있다고 하여 모두들 시가지의 중앙시장에서 물건을 사려고 나왔고, 또 북한사람들이 운영하는 냉면집에도 가고 싶어 했다. 호텔 앞에 현지인 몇 사람이 말을 걸어오는데 오토바이에 손님을 싣고 다니는 사람들이었다. 밤 시간이고 다른 차를 구하기 힘들 것 같아 이 차들을 이용하기로 하였고 요금을 물어보니 한 대당 5달러라 하였다. 한국 돈으로 치면 많지 않지만 이 나라 경제 수준으로 봐서는 50달러 이상 될 것이다. 이 사람들에게 돈도 좀 벌게 해 줄 겸 6대를 불러 타고 시가지로 가는데 비가 억수로 퍼부어 대었다. 소낙비가 오고 있었다. 그날 낮에 프놈펜에서 오는 도중에는 거의 빗방울이 떨어지지 않았는데

이 밤에는 심하게 오고 있다. 비를 막기 위해 비닐 막을 내리고 고정하는 데가 없어 손으로 붙잡고 갔다. 같이 가는 안 집사와 자리를 바꾸어 내가 비닐 막을 붙잡고 비가 못 들이치게 했다. 10여 분을 달려 시가지로 들어가 중앙시장 입구에 우리 일행을 내려놓았다. 10시에 철시한다고 하여 1시간여 사이에 볼 일을 다 보아야 하였다. 일행이 함께 몰려가서 물건들을 보니 은수저 공예품, 돈 모음, 캄보디아 안내 책자, 부처 모형 등이 있었고 차고 다니는 지갑도 있었다. 한 가게에는 키홀더에 앙코르와트 사원 모형을 넣고 붉고 푸른 불빛이 명멸하도록 만들어 팔고 있었는데 귀국할 때에 비행기짐 부피가 크지 않게 유리제품과 키홀더 5개를 구입했다. 외국에 갔다 오면 늘 선물을 기대하는 사람들이 있어 빈손으로 가기도 뭣 해서, 다른 사람들은 30개를 18달러를 주고 샀는데 나는 5개를 4달러를 지불했다.

다른 일행은 평양 냉면집에 간다고 나갔다. 그곳에는 북한사람들이 노래도 하고 춤도 춘다고 하는데 나는 저녁 식사를 하고 나니 배가 부르고 갈 생각이 없었다. 다른 가게에 들러 보니 여종업원이 이것저것 물건을 들고서 설명하며 사주길 원하였다. 별로 살만한 것이 없어, 우리 일행이 아직도 흥정을 하고 있는 곳으로 와서 생각하

니 아까 그 여직원이 간절히 물건을 사주기 바라던 모습이 떠올라 다시 발길을 돌려 뭐든지 사 주려 가서 보니, 캄보디아 안내 책자가 사진이 들어 있고 외국인이 영어로 만든 것이 있어 3달러를 주고 구입했고 또 대나무로 만든 부채가 있어 1달러에 사고, 우리 일행과 합류하여 10시에 시장 입구에서 오토바이를 기다렸다가 올라타고서 호텔로 돌아가는데 비는 아직도 많이 내리고 있었다.

우리 운전사는 비옷도 입지 않고 비를 흠뻑 맞으며 가고 있었다. 5달러를 주었고 캄보디아 화폐 5,000리알짜리도 샀는데, 내가 한국에서 캄보디아 돈을 수집하는데 이 시아누크공 그림이 든 5,000리알짜리를 아직 구하지 못했기 때문이었다.

다음 날은 이곳 시에립 지역의 앙코르와트 사원과 궁궐도 관람하게 돼 있다. TV를 틀어보니 채널이 아주 많았고 캄보디아방송뿐 아니라 중국방송, 월남어 방송, 한국의 아리랑TV, CNNE, NHK 등 각국의 방송이 다 잡혔다.

이곳 시에립 지역은 이제 국제 관광지가 되었고 전 세계에서 많은 사람들이 오고 있어 가히 국제적인 명소가 된 모양이었다. 호텔들도 미국 라스베가스에서 보는 듯 잘 지어 놓았다.

8월 18일

아침에 역시 예배를 보았고 같이 간 목사님이 어느 때라도 좌절하지 말고 하나님을 향하여 기도하면서 아뢰면 응답받는다는 말씀이 있었다.

오늘 우리를 안내해 줄 가이드가 아침 식사 후에 한 사람이 왔다. 키가 크지 않고 배가 좀 나온 40대 한국 사람이었다. 이 지역에 10년 이상 살고 있으며 처음에 배낭여행을 왔다가 이곳이 좋아서 계속 살고 있는데 과거 한국 건강보험에서 지역구를 담당하였고 구조조정이 되면서 위로금으로 4개월 치 봉급을 받고서 명예퇴직한 사람이라고 자신을 소개하며 당일의 관광에 대해 설명을 했다. 이 앙코르와트 사원은 프랑스인 앙리가 처음 발견한 것으로 되어 있으나, 사실 9세기 이후 홍성하던 크메르 왕국이 망하면서 수도를 프놈펜으로 옮긴 이후 이곳은 방치되다시피 되었으나 현지 사람들은 그래도 이 지역에서 생활하면서 나름대로 살아왔고 이런 사실은 다른 외국인들도 이미 알고 있었다 하였다.

그러나 관리가 되지 않은 옛날 사원이나 궁궐에는 400년 이상 오래된 나무들이 뿌리를 크게 내렸고 건물이 훼손되는 상태까지 됐다고 했다. 왕궁을 먼저 구경하기로 하고 입장권을 구입하여 차를 바꿔 타고 정문쪽에 하차하니, 토산품을 파는 아이들이 와락 달려 나와서는 서로 자기 물건을 사라고 떼를 썼다. 팔찌, 책자, 피리, 부채, 목수건 등이 많았다.

물건은 나중에 사기로 하고 우선 정문 앞에서 설명을 들었다. 이 문에는 문루가 있고 양측에는 돌로 성벽을 길게 쌓아 놓았는데 그

▲ 캄보디아 시엠립의 앙코르와트 사원 전경

크기가 수백 헥타르에 이른다고 했다. 이런 것을 짓기 위해 돌을, 우기 때는 배로, 건기에는 인력을 동원하여 운반해 왔다고 했다. 성문 위에는 이 나라를 부흥시킨 라마 4세의 두상이 만들어져 있었고 성문 앞과 옆으로 코브라의 머리에서 긴 몸뚱어리가 길게 뻗어 나와 있는 것을 볼 수 있었다(사진).

불교에서는 코브라 뱀이 부처를 보호해 준다고 하여 어느 정도 호감을 가지고 보호해 주고 있다고 한다. 기독교에서는 뱀은 사탄이고 회피해야 할 존재로 알고 있는데 내 생각에는 사탄이 교묘하게 불교에서 자신의 이미지를 좋게 만들어 놓은 것이라고 생각되었다.

사원의 네 귀퉁이 지붕에는 뱀이 머리를 치켜들고 꼿꼿이 서 있는 모습을 잘 볼 수 있었다. 뱀과 여러 가지 관련이 있는데 태국글자도 캄보디아글자와 비슷한데 자세히 보면 뱀의 모양을 본 따 글자로 만든 것으로 보였다. 가히 뱀의 나라들이라 하겠다.

성 앞에는 해자를 파서 물을 채우고 적의 침입을 막았다 한다. 문을 들어서니 성벽으로 올라가는 층계가 보였다. 다시 작은 버스를 타고 한참 달려가 왕궁 앞에서 내렸다. 왕궁은 모두 돌로 지어졌고 돌에는 결합 부위에 요철이 있어 탄탄하게 안전성을 갖게 했다. 과거 이곳에 왔다 간 중국관리의 기록에 의하면 왕에게는 정비가 있었고 4명의 첩실이 있었다 했는데 그들은 피부가 희고 젖무덤을 그대로 노출시켜 아름다웠다 했다. 조각에서 여인들이 젖무덤을 노출시키고 있는 것이 인상적이었다.

다른 왕궁은 저주를 받았는지 건축 도중에 벼락을 여러 번 맞아서 건축을 다 완성하지 못했다고 했다.

또 다른 왕궁은 왕의 모친을 위하여 지은 궁전인데 잘 만들어졌고 다이아몬드로 장식까지 했는데 이후 다이아몬드 같은 고가의 귀금속은 약탈당했고 400년 이상 방치되어 나무들 큰 뿌리가 내려와 궁궐이 훼손되고 있다고 했다. 훼손된 부분을 보수하고 있는 곳도 보였다.

서울가든에서 점심식사를 했는데, 완전히 한국 음식을 차려 놓았다. 돼지고기를 구워 쌈장으로 상추, 깻잎에 싸서 먹도록 해놓았다. 시엔립에 와서 한식을 다시 먹어 보게 된 것이다. 이 집 주인은 재미 교포인데 여기에 와서 음식점, 호텔사업을 하면서 계속 살고 있다고 하는데 고혈압 때문에 복약중이고 가볍게 뇌졸중이 한 번 왔다고 했다. 현재 후유증은 남아 있지 않았고, 아마 일시적 뇌허혈증이나 작은 뇌경색이었을 것으로 생각되었다.

혈압은 150-180mmHg 정도로 다소 높았고 조절이 안 되고 있어 다시 재발될 수 있는 상태였다. 아직 아테놀만 복약 중이라 내가 다른 혈압약을 한가지 목사 편에 보내 주겠다고 했고, 일반적인 뇌혈관질환까지 생긴 고혈압 환자의 건강관리에 대해 설명해 주었다.

다시 오후 구경을 위해 이번에는 같은 출입구로 차가 들어가니 검표원이 차 안에도 들어와서 사진을 찍고 확인했다. 입장권은 1인당 25달러였고 종일 사용이 가능하였다.

이번에는 앙코르와트 사원을 구경한단다. 입구쪽에서 내려다보니 멀리 멋있게 사원의 첨탑이 3개 이상 우뚝 솟아 있는 것이 보였다. 역시 코브라 머리에서 몸통이 뻗어 나와서는 길게 정문 쪽까지 뻗어 있었다. 문 양쪽에는 긴 회랑의 형태로 돼 있었고 우측에는 도서를 비치하였던 곳이라 하였다. 회랑의 벽에는 전쟁하는 모습을 세밀하게 조각하여 보여 주고 있었는데, 그 당시의 여러 가지 풍속과 의관, 생활 모습이고 불교사원에 힌두교의 신과 그 내력을 조각하여 힌두교에서 섬기는 30여 가지 각 신의 모습을 보여 주고 있었다.

다시 중앙에 위치한 왕의 문으로 들어가니 70도의 가파른 돌계단을 힘들게 올라가게 했다.

올라간 끝에는 큰 불상이 안치되어 있었고 그 앞에는 향불을 피웠고, 사람들이 손으로 부처의 몸을 쓰다듬다 보니 반들반들 윤이 나고 있었다. 다시 설명을 듣고서 주위의 아름다운 여성들을 보면서 옆 층계로 내려오는데 여기서는 어지러워 잘못하다가는 층계에서 떨어질 수도 있어 철근 손잡이를 만들어 놓아 잡도록 했다.

힘들게 층계를 내려가서 옆의 문으로 빠져나오니 위쪽의 첨탑이 더 멋있게 보였다. 일행과 사진을 찍고서 긴 통로를 따라 나오니 다시 정문 쪽이었다. 앞에 해자에 차 있는 물색은 초록이고 햇살로 따가웠다. 수많은 사람들이 몰려서 들어 오고 있었다. 내국인보다 미국인, 중국인, 일본인 등 외국인들이 많았고 한국사람도 적지 않았다.

다시 버스를 타고서 시원한 바람을 쐬니 몸이 훨씬 힘이 나고 좋아졌다. 이제는 다시 프놈펜으로 가야 했다. 구름은 다소 끼었으나 비는 거의 오지 않았고 차는 잘 달려나갔다. 올 때처럼 곳곳에 야자수가 서 있고 그 아래에는 벼를 심은 논들이 널려 있었다.

차는 4시간을 달려 콤옹통의 음식점 앞에 정차했다. 우선 화장실에 가서 일들을 보고 식당에서 주문해 온 도시락을 나누어 먹었다. 시엔립에서 맞춘 도시락이 반찬 종류가 다소 많고 먹기가 나은 편이었다. 이 식당에는 물을 좀 사주며 장소를 이용하고 남은 쓰레기는 여기에 남겨 놓고 갔다.

차는 밤길을 열심히 달려 프놈펜의 황궁호텔에 다시 도착했다. 방 배정을 받고 목욕한 후에 TV를 보니 여러 방송에서 다양한 프로를 방영하고 있었다. 다음날이 마지막 일정이어서 12시 전에 잠을 청했다.

8월 19일

아침에 소변이 마려워 눈을 뜨니 4시경이었다. 다시 눈을 붙이고 잠을 깨니 6시 5분 전이었다. 어제 못한 면도까지 해서 얼굴을 말끔히 하고 머리를 수건으로 싸서 붙여 놓았다. 다시 아침 예배를 보았다.

오늘 마지막 진료는 선교사가 시무하고 있는 개척교회에서 하기로 하였다. 프놈펜 외곽에 있는 이 지역은 지난번에 갔던 빈민촌 사람들을 철거시켜 이주한 곳이라 하였다. 교회 안쪽에는 한국 삽교교회와 협력교회라고 적혀 있었다. 바닥은 타일을 깔았고 의자없이 그대로 예배를 본다고 했다. 진찰대를 만들고 치과와 한방도 장소를 잡고 진료를 했다. 아이들도 많았고 성인들도 왔다.

마지막 날이라 진료용 약이 다 떨어진 것도 있어 다른 약으로 바꿔서 처방도 해야 했다. 가져온 구충제는 필요한 사람에게 복용시키도록 하였고 많은 환자를 진료했다. 한 여자는 우측 어깨가 아프다 하여 만지니 아주 아파하였고 자세히 물어보니 며칠 전에 넘어져 다쳤다고 했다. 골절이 의심되었다, 진통소염제와 항생제를 처방해 주고 계속 아프면 X선 사진 촬영을 하도록 권했다. 진료는 모두 끝났으나 미용봉사는 아직 끝나지 않고 있었다.

내가 미용봉사하는 집사의 가슴, 등에 붙은 머리카락을 털어 주었고 또 교회 마당에 지저분하게 널려 있는 종이, 비닐과 같은 쓰레기를 모아서 쓰레기장에 버려 주었다. 내가 하니 조 원장도 따라와서 다른 현지인 청년들과 함께 도와주었다.

점심식사는 도시락이었고 전번에 먹었던 그 도시락이었다. 그날은 들어 있는 밥을 다 먹었다. 식사 후 우리는 프놈펜 시가지로 들어가 해골박물관을 관람하게 되었다. 폴포트 정권의 크메르루즈에 의해 1975년 캄보디아 점령 이후 자행되었던 수많은 고문과 살인행위가 이뤄진 어느 고등학교와 중학교 건물에도 가보았고 그 속에서 일어난 20세기 비극의 전말을 생생하게 보았는데, 모두의 머릿속에 너무나 큰 인상을 남기게 된 날이었다.

그들이 국민의 우민화를 위하여 무고한 사람들을 인간의 탈을 쓰고 그렇게 300만 명이나 죽일 수 있었던 것은 우리 주님을 대적하여 인간을 파멸로 이끄는 사탄, 마귀의 술수가 아니라면 도저히 그런 일은 일어날 수 없었을 것이다. 단순히 인간이 나빠서 이런 일을 하게 되었다고 생각할 수 없을 것이었다. 우리의 마음속에 사탄이 들어오지 못하도록 경계하며 생활하지 않는다면 또다시 이런 비극이 재발할 수 있을 것이다.

마지막 방에는 해골들을 쌓아 놓았다. 다른 지역에도 해골박물관이 있다는 말을 들었는데 정말 끔찍한 모양이 아닐 수 없었다. 이 충격적 사실들을 내 머리에서 쉽게 지울 수는 없을 것으로 보였다. 이런 일들이 일어날 때 우리 하나님은 무엇을 하셨고 왜 이런 일을 용납하시었을까. 우리는 그 이유를 잘 모르겠지만 분명히 그에 대한 보응이 장차 이 우주 세계에서 꼭 이뤄질 것이고 그래야만 하나님의 공의가 살아날 것이라고 생각되었다.

아직 비행기 탈 시간이 많이 남아 있었고, 선교사 댁에서 식사를 한다고 했다. 선교사댁은 월세를 내고 이층집을 사용하고 있었는데 들어가 보니 내부가 잘 시설되어 있었다. 전번에 만났던 노인 간호사도 같이 기거하고 있었고, 선교사 부부의 아들이 프랑스 유학을 갔다가 방학이라 집에 와 있었다.

냄새가 좀 특이한 찻물이 나왔는데 나중에 알고 보니 상황버섯을 달인 물이라 하였다.

이곳 캄보디아에는 상황버섯 재배가 많이 되고 한국 사람들에게 많이 팔고 있었다. 암환자들은 거의 이 상황버섯을 복용하는데 한국에서는 비싸므로 이곳에서 많이 구입해 간다고 하였다.

마당에는 돼지고기를 굽고 있었는데 아직 불이 약해서 고기가 잘 구워지지 않고 있었다. 선교 학생들이 수고하고 있었다. 이 선교사 부친도 전립선암인데, 수술은 못 하고 이 상황버섯을 구해서 차로 끓여 먹고 있다고 하였다. 그날 이곳에 우리 진료팀이 다 초청돼 식사 대접을 받고서 고마운 마음을 표시하는 금일봉으로 박 장로가 선교사에게 1,000달러를 전달했다고 했다. 여기서는 아주 큰 돈이고 많은 도움이 될 것으로 생각되었다.

프놈펜공항으로 차를 몰아갔고, 방콕을 거쳐서 인천공항으로 가는 오후 7시 25분 출발 타이항공 비행기를 타러 갔다. 입국할 때

본 그대로 프놈펜공항은 크지 않고 아담했는데, 최근에 건축하여 깨끗하고 현대식이었다.

먼저 짐들을 부치고 공항세를 낸 후 출국장으로 올라가니 면세품들이 진열된 것이 보였다. 한 번 둘러보니 외국 브랜드 상품과 캄보디아산 고급물건도 많았다. 과자 종류도 고급스러웠다. 시중에서는 잘 보지 못하던 것들이었다. 사고 싶은 생각도 없었고, 짐도 될 것이고 가져온 돈도 다 떨어졌으니, 카드를 긁어야 하는데 그렇게 물건을 사고 싶지는 않았다. 내 옆자리에는 이탈리아 사람들로 보이는 일행이 앉아 있었고, 화장실을 갔다 온 후 우리 일행을 만났더니 총무가 다음 해에 내가 중국 진료에 참가하지 못하면 안 된다고 걱정이었다. 그러나 젊은 의사를 구하여 진료팀을 변화시켜야 함을 설명해 주었다.

타이항공은 1시간여 짧은 시간에도 저녁식사를 제공하였다. 승무원들은 정성껏 기내 서비스를 하고 있었다. 선교사댁에서 밥은 조금 먹었지만, 돼지불고기, 망고는 많이 먹었고 기내식사는 다소 위에 부담이 가긴 했다.

다시 찾은 방콕공항은 면세물품을 사고팔기 위해 소란스러웠다. 너무 장삿속이 되어 버려 공항이 혼란했다. 태국은 관광 수입이 크고, 이 수입으로 나라를 운영하고 있는 것이다.

우리 일행은 또 무엇을 사는지 안 보이고 나는 총무와 함께 대합실로 들어가 앉았고 김 총무는 이번 진료 준비 때부터 애로사항이 많았다 하였다. 그러나 이런 해외 진료에는 대단한 수고가 없이 이런 일이 이뤄질 수 없을 것이라고 위로해 주었고 계속 수고해 주길 바란다고 했다.

몇 명씩 우리 일행이 쇼핑한 비닐백을 들고 오고 있었다. 탑승시간이 다소 지연되고 있었는데 그 사유가 탑승할 승객이 다 오지 않아서 그렇다고 했다. 인천공항 행 타이항공 8줄짜리의 좌석은 만원이었다. 아시아나항공과 공동 운행 중이다. 3시간을 비행했으니 2시간 후면 인천공항에 도착하게 된다. 한국에서의 일상생활이 시작되기 전날이었다.

제2부

회상

한국의 노인문제

노인에게서 상실의 개념을 연계한다면 심신쇠약은 노동력의 상실과 의존성이 강해지고 직업상의 후퇴를 초래하고, 소득의 상실은 사회 일선에서 후퇴를 가져오고, 역할의 상실은 소외감과 고독을 느끼게 한다.

인간의 기본욕구는 경제적 안정, 직업적 안정, 가족관계의 안정, 의료와 건강의 보장, 교육의 기회, 문화, 오락의 기회가 있는데, 이러한 욕구와 기회를 상실하는 것이 노인 문제들이다.

또 노인에 대한 학대가 문제되고 있다. 65세 이상 인구가 전체인구의 10%이상이면 고령화 사회이다. 한국은 고령화 사회 진입에 짧게 18년이 소요되었고 이미 2010년에 11%, 2015년 말에 13.1%, 2017년 8월에 14% 이상 되어 고령사회가 됐다.

20% 이상이면 초고령화 사회이고(일본은 2006년 초고령화사회에 이미 진입된 상태) 한국도 2025년이면 20.1%에 도달되어 초고령사회로 진입될 것으로 예상된다.

독거노인의 증가

2020년 전체 가구 2,073만 1천 가구 중 1인 가구가 31.2%를 차지했는데, 이 중 51.6%가 65세 이상의 독거노인이었고, 2025년이면 50대의 26.2%, 60대는 17.7%가 혼자 살다가 고독사를 하게 되고, 특히 2020년 1인 가구의 80세 이상은 7.1%였으나, 2040년이면 905만 가구로 24.5%가 되고, 2050년이면 39.6%를 차지하게 된다.

2050년이면 22,849,000 가구 중 60대가 24.9%, 70대가 35.7%, 80세 이상은 22.6%로, 60대 이상이 전체의 83.2%를 차지하게 된다 .

2020년 현재, 전국에 노인을 위한 쉼터는 19개소 정도이다.

SDA영동교회 진료부 노인반 진료실적

진료기간은 2008년 5월부터 2014년 10월까지로 6, 5년간 영동교회 진료부에서 진료한 실적이며, 2016년 6월 교회 신축 공사 전까지 진료했던 인원은 포함되지 않았다.

대상 인원은 97명으로 남자가 50명, 여자가 47명이었는데 나이는 65세부터 96세까지였다.

질환 내력

골근육계 질환이 가장 많아 76명으로 골관절염, 신경통 등이 있었고, 소화계 질환이 53명으로 위통 18명, 소화불량 16명, 변비 14명, 치질 3명, 설사 2명이 있었다.

피부 질환은 35명으로 무좀 21명, 소양증 10명, 피부염 4명이었고, 순환계 질환이 32명으로 고혈압 31명, 뇌졸증이 1명 있었고, 호흡기 질환은 28명으로 가래 18명, 기침 9명, 숨찬 병이 1명 있었다.

비뇨기 질환은 3명으로 배뇨장애가 있었고, 이비인후과 질환이 3명으로 이명 1명, 난청 2명, 신경과질환은 15명으로 현기증 7명, 불면증 6명, 두통증이 2명 있었다.

치료 내력

진찰과 혈압 및 혈당을 측정했고, 투약, 숯파스, 물리치료, 침, 마사지 요법, 도수치료를 시행하였고 본인 건강 교육, 가족 교육, 교회 차원의 지원(상담, 경제적 지원)을 제공하였다.

노인요양 시설

〈유자원〉은 삼육서울병원에서 직영하는 노인 생활시설로 선도적인 운영으로 양로시설계에서 모범적인 시설운영으로 공인되어 운영되고 있다.

〈에덴요양원〉은 암과 같은 장애상태의 노인을 위해 급성기병원에서의 치료 후에 안정화된 상태의 환우를 위해 에덴요양병원에서 직영하는 노인 생활시설로 의료상의 문제발생 시 적극적인 진료를 위해 인근의 에덴요양병원의 양질의 의료를 즉시 활용할 수 있는 장점을 지니고 있다.

〈신망애 요양원〉은 에덴요양병원에서 의료제공을 해주는 결연 양로시설이다.

서울 중앙교회 노인진료 사업

서울 중앙교회는 교회가 위치한 서울 종로구 탑골공원을 중심으로 집합했던 무의탁 노인들을 주요 대상으로 은빛샘을 설립하고 무료진료(근골격계 질환 등)를 시행해왔으며 새생명건강동호회 및 채식 뷔페 운영으로 무료 배식도 제공해서 위기에 처한 노인들에게 오랜 기간 수많은 봉사활동을 통해 사랑을 전해왔다.

동대문종합사회복지관

동대문구 지역 내의 아동, 청소년, 성인, 어르신을 대상으로, 사회체육활동, 미술 교육, 정서순화 활동을 시행하게 하였다.

2003년에 노인복지관이 개관했는데, 어르신들의 인권향상과 행복한 노후를 위해 전문적인 서비스를 제공하여 오고 있다. 급식 서비스(밑반찬 조달)로 어르신의 건강을 유지하게 하고, 건강검진 검사를 통해 예방적 질병 관리를 하게 하며, 협조적인 의료 봉사진에 의한 질병 치료를 받게 하고 있다.

어르신의 욕구에 맞는 여가취미, 노인정보화 교육, 동아리활동 등의 다양한 활동으로 어르신의 능력을 향상시켜서 지역 내 사회공헌 활동도 하여 보람된 노후생활을 돕고자 하고 있다.

지역사회 어르신들에게 적합한 일자리를 제공하고 건강하고 안정되고 활기차게 노후생활을 돕고자 하고 있다.

한국의 장애인

2019년 한국 장애인 수는 261만 명으로 전체인구의 5%에 이르렀는데, 16가구 중 1가구가 장애인 가구였다. 60대 이상 성인에서 13배 더 많았고, 56%에서 후천적 원인에 의한 장애였다.

후천적 원인으로는 사고, 암, 뇌혈관질환, 심장질환의 순이었다. 2018년 고용된 장애인은 34.8%가 되었다. 상시 근로자 50인 이상 기업중 33%는 장애인을 고용하지 않고 있다.

서울 동대문장애인복지관

예수재림교에서 운영하는 장애인복지관으로 2010년 개관하였고 장애인을 대상으로 신체에 맞는 물리적 활동을 하여 체력을 증진시키게 하고, 정서 심리 검사를 시행하여 안정된 정신상태를 유지케 하고 있다.

이 복지관은 시각장애인에게도 등반 활동도 하게 하여 자신감을 얻게 해 주고, 음악 연주에 참가하여 남은 신체기능을 최대한 활용하게 한다.

재활에 대한 상담 활동을 통해 전인적인 능력을 증진시키고 있다. 장애 청소년을 위한 문화체육 활동을 지원하고 있다.

또한 직업 적응훈련을 위해 작업습관 및 적응훈련과 교육을 받게 하고 사회생활 적응훈련을 받게 하고 있다.

장애 부모에 대한 상담치료와 교육비 지원을 받게 하고, 지역사회에 연계하여 장애인에 대한 인식개선과 협조를 구한다. 지역사회와 연계된 정상인의 체육, 교육 문화 활동과 취업 활동도 지원하고 있다.

불우아동과 청소년 보호

우리나라는 국제금융위기가 발생한 1997년 이후에 빈곤인구가 급증하였다. 이런 빈곤 가정들은 경제적 어려움 때문에 가출과 이혼으로 인해 가정이 해체되었다.

이혼이 1995년 6만8천 건에서 2002년 14만5천 건으로 급증했고, 그 결과 빈곤 아동들을 양산하고 있었다. 2003년 말 우리나라 빈곤 아동은 약 100만 명으로 추정되었고, 이는 외환위기 이전보다 2배 더 증가된 규모였다. 이 중 17세 이하의 기초생활보장 수급자가 31만 4천 명이었고 수급 혜택을 받지 못하는 아동은 47만여 명이었다.

각 지역에 아동센터가 운영되고 놀이와 학습공간으로 출발하였고 전국적으로 228개소에 이르고 가족과 지역사회복지, 교육문화활동, 의료지원, 정서치료, 존중감 회복을 위해 상담을 실시하며 보호와 최소한의 복지서비스를 하고 있다. 더 통합적이고 전문적인 사회복지 지원을 통해 정상적인 생활을 할 수 있게 해 주어야 하겠다.

매년 10만명의 청소년이 가출하고 있다. 가출 연령도 점점 낮아지고 가출 기간도 길어지고 있다. 9~13세의 가출 청소년은 2003년에는 25.5%로 증가되었다.

가출 연령이 낮을수록 가출 횟수가 잦고 장기화되고 있다. 6회 이상 가출한 대부분은 첫 가출 때가 초등학생이었고, 60%가 여학생이었으며, 이들은 6개월 이내에 성매매의 수렁에 빠지게 되었다. 가출의 원인으로는 나쁜 친구의 꼬임에 빠졌거나 집안의 경제적 파탄, 부모의 이혼이나 학대 등이었다.

청소년보호위원회가 단순 가출 청소년을 빨리 찾아내어 가정이나 쉼터로 인계하는 노력을 시작한 이후, 전국에 40개 쉼터에서 이들을 단기간 보호하여 왔지만 개개인을 위한 프로그램의 개발이 더 필요하다. 그룹홈은 가장 역할을 하는 생활 교사가 아파트와 같은 일반 주택에서 같이 살면서 청소년들이 자립할 때까지 양육하는 중장기 보호시설로 전국에 120개의 그룹홈에 1,000여 명의 청소년들이 생활하고 있으며 본인이 원하면 중고교는 물론 대학까지도 학비를 지원받게 해 주고 18세 이후에는 지원금을 받아 자립도 하게 한다.

2015년 이후 2019년까지 매년 2,600명이 시설을 떠나게 되었는데 이후 혼자 서기를 응원하는 노력과 경제적 지원도 받게 되었다.

1996년 이전에 가정에서 버림받아 요보호아동이 된 아이는 연간 4천에서 5천 명 대였다. 그러나 외환위기가 끝난 2000년 이후 3년간은 1만 명 대를 유지하고 있었고, 2003년 말까지 모두 5만7천 명이 버림받아 보호시설에 들어 온 것으로 집계되었다. 아동 100명이 버림받아서는 양육시설에 47명이 들어가고, 입양이 24명, 임시 위탁이 24명 그리고 소년소녀가장 지정이 되는 경우가 5명 정도 되었다.

서울시 아동복지센터에 맡긴 13세 이하의 비율은 1998년 46%에서 2002년 93%로 늘었다.

이런 아이들은 정서불안, 학습부진, 폭력적 행동, 거짓말, 욕설, 집단 따돌림, 도벽 등의 나쁜 생활 습관을 갖고 있는 것으로 나타났다.

1999년 청소년개발원이 저소득 실직 가정 자녀들을 대상으로 벌인 조사에서 자살 충동을 63.8%에서 느꼈고, 폭력에는 40.7%가 접하였고, 흡연의 경험이 33.7%에서 있었으며, 절도 행각은 32.7%에서, 가출이 15.6%에서 이뤄졌고, 성적 접촉이 12.6%, 약물 남용이 5.5%에 이르러 있어 심각한 문제를 야기시킴을 보여 주었다.

불경기 이후의 시대를 살아가는 우리 서민들에게 여러 가지 어려움은 끝이 없어 보이고 특히 빈곤 계층의 국민들에게는 너무나 힘든 시기이다.

또 3년이 넘게 지속되는 코로나19에 의한 이 엄중한 시기는 고용불안과 낮은 임금, 물가 상승, 부채의 증가, 불안한 정치상태와 러시아가 자행한 우크라이나 전쟁으로 인한 국제적인 고유가 사태, 자원부족과 내수부진으로 앞으로도 경기호전을 기대하기는 더 힘든 상태이다.

국민들이 단합하여 이 어려운 시기를 서로 격려하며 잘 보내도록 하고 정치하는 사람들은 먼저 국민을 위하여 사심 없이 협조하며 국정을 효율적으로 수행해야 할 것이다.

보호대상 아동

2020년에는 3,657명이, 2021년에는 4,120명이 보호대상 아동에 해당되었고, 그 원인으로 학대가 2017년 35%에서 2021년 47.4%로 증가했다. 부모 이혼이 11.4%, 미혼모, 혼외자가 10%, 부모사망이 8.1%, 그 외 비행, 가출 및 부랑아가 7.9%였으며 63.1%가 양육시설이나 공동생활가정에 머물러 있었고, 36.9%는 가정에 위탁되거나 입양이 되었으나 입양은 전년도에 비해서 5.1% 감소되었다.

한국 내 외국인 노동자 문제

88 서울올림픽 이후로 외국인 노동자의 국내 유입이 증가되었고 이는 한국근로자의 임금상승이 주원인이었다. 외국인 노동자들은 한국 산업 현장의 중요한 인력이라 할 수 있다. 1991년 산업 연수원 제도가 시작되었으나 1994년에 이후 외국인 노동자들은 주로 기독교가 전파되지 않은 아시아나 아프리카지역에서 오고 있었다.

1990년 초기에는 약 48,000명, 1996년에 약 129,000명, 1999년에 135,000명의 외국인 노동자가 더 임금을 받기 위해 무단 이동하여 불법 취업자가 되는 사태를 초래하였다.

주로 이른바 3D, Dangerous(위험하고), Dirty(더럽고), Difficulty (어려운) 업종에 취업하고 있었다. 2002년에는 약 400,000명의 외국인 노동자가 92개국에서 왔었지만, 이 중 300,000명은 불법 취업상태였으며, 2004년에는 고용허가제도 시행되어 약 600,000명, 2008년에는 약 700,000명의 외국인 노동자가 99개국에서 2009년 5월 당시의 외국인 노동자는 575,600명으로 당국에서 단속을 해도 이 중 200,000명이 불법 취업상태였다.

2018년 1월에 외국인 노동자, 합법 96만, 불법 21만 명이 체류하여 제조업, 건설현장, 농촌, 음식점에 근무하며 자국 임금의 4-15배를 더 받았는데, 외국인 범죄, 내국인 실업 증가에 영향을 주었다.

2008년 전체 체류 외국인 수는 115만 명이었으나, 2010년 5월에 1,187,377명이 되었고, 계속 증가하여 2018년 230만 명, 2019년 12월 전체 체류 외국인 2,524,656명(전체인구의 4.9%)이었고 현재는 200만 명으로 감소된 것으로 나타났다.

과거 상주외국인이 132만3천 명이었고, 고용허가제 이주 노동자는 503,077명(남성 77.6%, 여성 22.4%)이었으며 91.7%가 비전문분야에 취업 중이었다. 2021년 외국인 노동자 연수제도의 연수생 이탈률은 20.4%, 불법 취업자가 388,700명이었고, 총 외국인 근로자는 195만6,781명이었고 코로나 감염에 의하여 더 증가되고 있다.

한국 인구의 8.8%는 현재 경제적으로 어려운 상태이고 코로나 상황에서 열악한 주거환경에서 감염의 위험이 더 커지고 있다.

이미 수많은 이주 노동자가 한국에 와서 일하고 있으며 어떤 산업체에서는 필수 인력으로 자리 잡고 있다. 면밀한 주시와 당사자의 목소리를 포함한 정책적 논의와 개입이 필요하다. 정부 내에서도 외국인 인력정책 위원회를 설치하는 계기가 되었다.

민간 차원의 지원 단체 활동과 개인적 관심과 배려가 더 요망되고 있다.

외국인 노동자들은 임금 차별과 임금 미지급, 비자 문제, 노동 강요, 폭력, 산업재해와 문화적 차이로 힘들어하고 있는데, 1995년에는 네팔 근로자들이 한국 직원들의 폭력과 재해에 대해 시위를 하기도 했다.

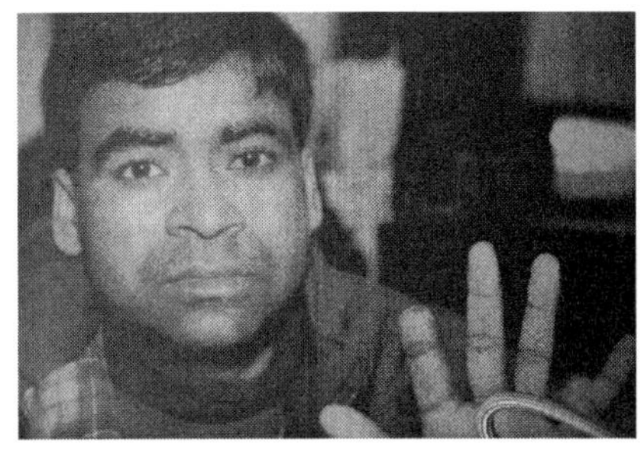
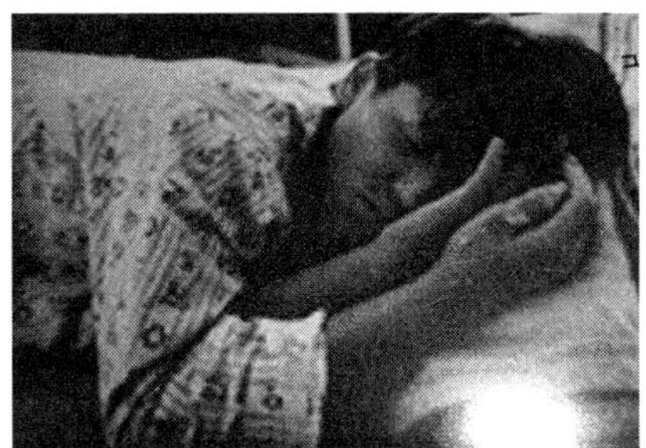

▲ 폭행으로 부상 당한 네팔 근로자들

2002년까지 많은 외국인 근로자가 그들의 권리를 찾기 위해 대규모 시위를 했다.

2003년 많은 외국인 노동자들이 임금을 받지 못하자 집단 파업을 일으키게 되었다.(사진)

성경 레위기(19:33-34)에는 "타국인이 너의 땅에 우거하여 함께 있거든 너희는 그를 학대하지 말고 너희와 함께 있는 타국인을 너희 중에 낳은 자 같이 여기며 자기같이 사랑하라. 너희도 애굽 땅에서 객이 되었더니라. 나는 너의 하나님 여호와니라."라는 말씀이 있다.

한국 땅을 찾아온 외국인 노동자는 많은 인력이나 큰 경제력 없이 기독교 선교를 할 수 있는 좋은 대상이 된다.

외국인 노동자들을 관리하는 개선활동이 있었는데, 안전에 대한 교육을 실시했고, 자격을 가진 강사들이 한국어 강좌를 열어 상호간에 의사소통을 원활하게 하는 데 도움을 주었다.

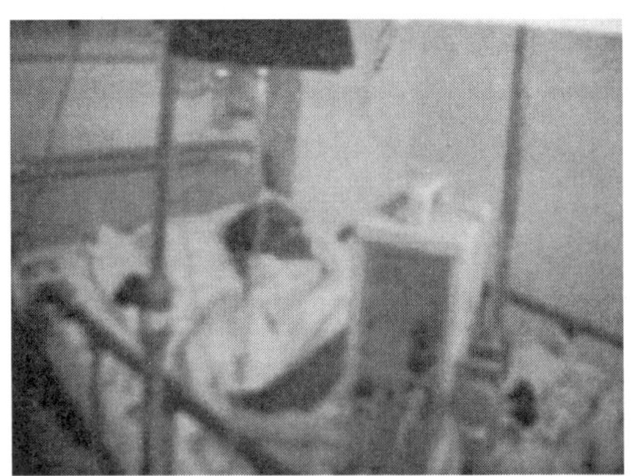

외국인노동자 진료소 개설

1999년 이후 많은 교회와 150개 의원 및 단체가 의료봉사를 하고 의료부조를 하기 시작했다. 각 교회 의료 선교부가 앞장섰다.

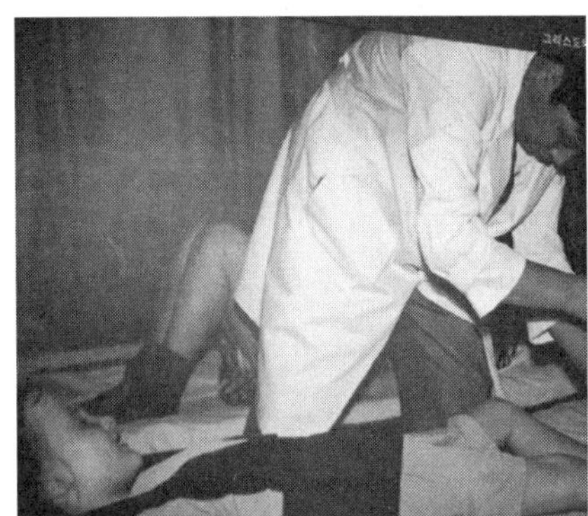

▲ 외국인 노동자 진료

1999년 〈삼육 작은 나눔의집〉은 SDA의사들에 의해 외국인노동자 진료를 의과와 치과에서 시작하였고(이미 1993년 이후부터 중국(6), 우즈베키스탄(2), 러시아(사진9), 필립핀(7, 8), 태국, 캄보디아 등에 해외진료도 시행하여 왔음), 2000년 4월 경동교회에도 〈선한 이웃클리닉〉이 개설되어 18년간 58개국 72,000여 명의 외국인노동자와 가족에게 진료하였고 17회에 걸쳐 해외에서도 31,000명을 진료했다.

2001년에 〈안양샘병원〉이 외국인 근로자 진료를 시작하였고, 그 외 서울외국인노동자센터, 정동교회 아가페클리닉, 가톨릭의대 라파엘클리닉 등이 활동하게 되었다.

현재는 합법적 외국인 근로자에게 의료보험 혜택을 제공하고 있다(고용보험률 64.9%).

▲ 1993년 중국 심양 조선족동포 진료　▲ 1994년 우즈베키스탄 진료

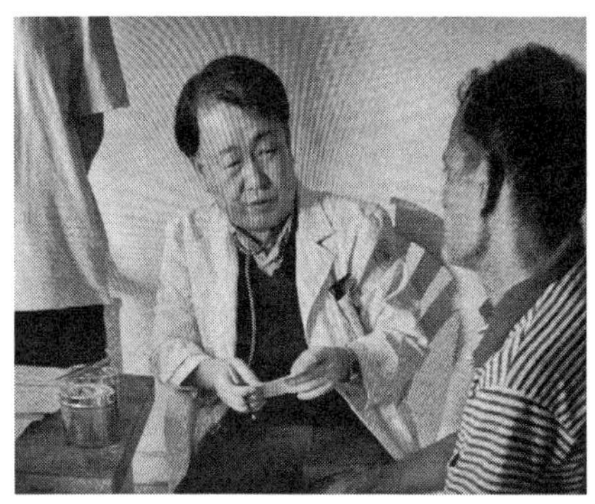

▲ 필리핀 민도르 지역 의료 봉사 중

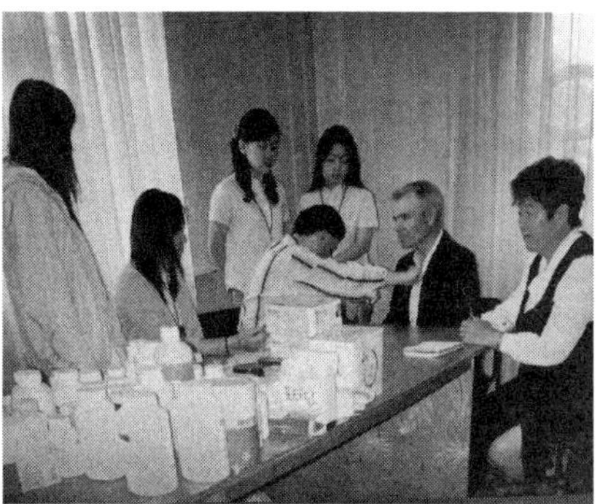

▲ 러시아 하바로프스크 의료봉사

▲ 외국인 노동자 진료 중

▲ 선한이웃클리닉

2000년 경동교회 선한이웃클리닉 개설과 외국인을 위한 쉼터가 한국내 여러 곳에 설치되었고(서울 외국인 노동자 센터 등), 외국인과 그 산재 환자를 위한 쉼터운영, 인권상담, 교육사업, 의료지원, 문화사업과 타 협회와 연대사업을 수행해왔다.

▲ 외국인 근로자 쉼터 제공

외국인 노동자를 위한 여러 가지 행사가 개최되었으며, 2001년 7월에는 서울 예술의 전당에서 외국인 노동자를 위한 문화 행사가 개최되었고, 그 외 문화공간(여행문화공간 등)이 개설되었다.

2001년 9월에는 외국인 노동자들에 의한 월드컵 축구 대회(사진)의 성공적인 개최를 위한 축구대회가 열렸고 그 후 외국인 노동자를 위한 한국 문화 탐방행사가 있었다.

2004년 8월에 제33차, 2008년 8월에 제37차 아시아 기독의료인 대회와 학생 교환 대회가 한국과 일본에서 개최되었고 기독교인으로서 외국인 노동자들에 대한 선교와 봉사에 대해서 논의도 하였다(아래 사진).

각국의 문화 축제 행사가 외국인 노동자들에 의해 개최되었고 서로간의 이해를 증진시키게 되었다. 이로 인해 다문화사업에 대한 정부와 단체 및 개인의 활동이 증가되었고 점차 효과를 나타내고 있다.

중국 교포와 인도네시아인을 위한 교회가 설립되었고 필리핀인, 인도인 그리고 파키스탄인을 위한 교회도 조직이 되었다. 또 몽골인, 러시아인, 중국인 교회도 생겨났다.

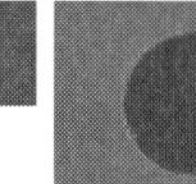

다문화 결혼 현황

국제결혼은 2001년 5,234건이 있었는데, 이는 그해 전체 결혼의 4.8%를 차지하였다.

2009년 5월 당시 결혼이민자와 혼인귀화자가 외국인 주민(1,106,884명) 중 15.1%인 167,100명을 차지하였고, 그중 여성이 81.5%, 남성은 18.5%로 자녀가 9.1% 있었다.

이후 2018년에는 22,698건의 국제결혼이 이뤄졌고 2019년 9월 당시 국제결혼을 한 164,463명 중 여자가 136,088명으로 82.7%, 남자는 28,375명으로 17.3%였고 중국인 36.4%, 베트남인 26.7%, 일본인 8.5%, 필리핀인 7.3%, 태국인 3.0%, 캄보디아인 2.8%, 몽골인 1.5%의 순이였다.

2019년의 전체 결혼에서는 다문화 결혼의 비율이 10.2%에 이르렀고 신생아의 5%가 다문화가정에서 태어난 아이였다.

2021년 결혼이민자는 168,735명이었고 그 가족까지 포함하면 100만 명에 도달하였다.

이주 여성에 대한 학대

국제결혼으로 한국으로 이주한 외국인 여성들은 가정폭력, 인권 침해의 문제가 끊임없이 제기되고 있다.

2000년의 이혼은 모두 247건이었고, 차츰 늘어나 2005년에는 2,382건, 2007년에는 5,018건 2008년에는 7,127건, 2011년에는 8,349건으로 계속 증가하다가 2016년도에는 4,914건으로 감소 중에 있다. 이혼 방지를 위하여 국제결혼 상담 사업이 많이 이루어졌고 이혼율을 줄이여 조정 중인 결과이다.

국내 다문화가족 현황

2014년 다문화 인구는 총 79만 명이었고 배우자가 295,000명, 결혼이민자가 15만 명, 혼인귀화자가 9만 명, 기타 사유 국적취득자가 55,000명, 그 자녀들이 20만 명이었다.

이어서 2018년의 다문화 인구는 109만 명에 32,000가구, 2세가 264,733명으로 그 중 성인층(18세 이상)은 21,968명으로 8.3%를 차지하였다. 다만, 사회로부터 차별을 받거나 무시당한 경험이 9.2%가 있었다고 했는데, 가해자는 친구가 64.0%, 고용주나 직장동료가 28.1%인 것으로 나타났다.

2019년의 다문화 결혼비율은 10.2%가 되었고 신생아의 5%가 다문화가정의 아이였다.

다문화가족의 규모와 사정을 파악하여 맞춤형 지원으로 다채롭고 효율적 다문화사업을 진행해야 한다고 본다. 이들은 국내에서 적용이 가능한 좋은 선교의 대상이 되고 있다.

향후 예상 국내 다문화 성인자녀 수

2018년 18세이상 성인자녀는 21,968명, 2021년에 37,000명이 되었는데, 예상하기로 2024년에는 6만여 명, 2027년에 103,000명 그리고 2030년에는 161,000여 명으로 증가할 것으로 보인다.

다문화 2세들은 외국인 부모를 통해 이중언어 능력을 획득하고 글로벌 감각을 바탕으로 국제화 시대를 주도하는 미래형 인재가 될 것으로 기대가 크다.

다문화 센터 소개

안산 다문화가족 센터

이미 187만여명에 도달한 다문화가족과 외국인 근로자, 유학생, 해외동포, 난민에게 의료, 복지, 법률, 교육 등의 분야에서 사각지대에 놓인 사람들에게 희망을 주기 위해 2008년 12월에 경기도 안산시 원곡동에 설립되었다.

이 센터는 쉼터의 역할과 급식, 물품 지원, 무료진료, 아동반 운영, 외국어 공부, 다문화체험, 운동경기, 각종 상담을 시행하고 있으며 긴급 지원사업으로 성폭력, 가정폭력, 산업재해 피해자의 보호도 하고 있다.

노원구 건강가족 다문화가족 지원센터

지역사회에 열린 마음으로 건강한 가족문화를 형성케 하는 전문기관으로 2009년 9월에 개소되었다.

주요 사업으로 교육, 상담, 문화활동, 돌봄서비스 등을 제공하고 있다. 또한 예비부부 교육, 예비부모 교육, 신혼기 부부교육, 생애주

기별 부모교육, 아버지 교육을 진행하고, 가족상담, 개인상담, 집단 상담을 시행하고 있다.

다문화가족에게 한국어 교육, 사례관리 사업, 이중언어사업, 언어 발달지원사업, 다문화인식개선을 위한 다이음사업, 다문화교류, 소통, 공간사업을 하고, 12세 이하 아동에 대한 아이돌봄 사업, 1인가구 지원사업, 가족학교 사업, 공동육아나눔터 사업을 한다.

1인 가구가 전 국민의 40%로 40대 이하가 51%로 증가 중인 것을 감안하여 이에 맞는 심리적, 정서적 지원과 자조 모임도 병행하고 물질적 지원을 받도록 연결해 주고 있다.

영동교회 다문화사업 현황

2017년 11월에 영동교회 다문화사업을 위한 재정을 지원하기 위해 디딤돌 프로젝트를 조직하고 가동하게 되었다.

의료분과 외에 한국어교실, 요리교실, 독서교실, 집수리팀이 있으며, 2018년 3월 무료진료소 개설을 위해 강남구보건소를 방문하고 타 무료진료 시설들도 방문하였다.

2018년 4월부터 매월 2회씩 무료진료(내과, 치과, 한방, 도수치료)를 시작하였고(사진), 2019년 10월까지 외국 유학생, 이주민 가족 등을 진료해 왔으나, 2020년 초 이후 2023년 초 현재까지 코로나-19 팬데믹 상태에서 사업운영이 중단된 상태이다.

앞으로 코로나가 근절될 것을 대비, 재활동을 위한 재정비가 요망된다고 하겠다.

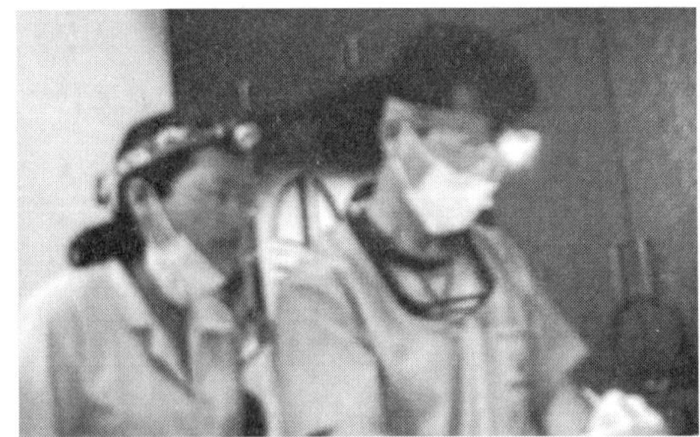

▲ SDA영동교회 다문화 의료봉사 모습들

조선족(朝鮮族)

조선족은 중국에 거주하는 한민족혈통을 가진 중국 국적 주민으로서 여러 역사적 원인에 의해 한반도에서 중국으로 이주하게 되었다. 한반도에서 자유롭지 못한 생활환경에서 벗어나기 위해 그 선조들은 중국 대륙으로 이동하게 되었던 것이다. 그 후손들도 이제 이런 이동원리에 의해 선조들이 떠났던 그 땅으로 다시 되돌아오고 있다.

조선족 이주역사

1870년 만주 거주 조선족은 77,000명에 달했고 1900년에는 22만 명으로 증가했다. 1953년 중국 인구조사에서는 112만 명이었고, 2007년에는 276만 명이었다.

그들 조선족은 주로 동북 3성인 길림성, 흑룡강성, 요녕성에 거주하였고 중국의 소수민족 자치권 인정으로 연변 조선족 자치주의 지위를 부여받았다.

1982년에 이르러 중국정부가 조선족의 한국방문을 허용한 것을 시발로 1988년 서울올림픽 이후로는 고향방문, 노동이주, 유학 등의 목적으로 한국으로 대거 이동했다.

2019년 한국 내 체류 조선족은 701,098명으로 전체 조선족의 27.2%에 해당된다.

조선족의 지위

재외동포법에 의해 2005년 8월부터는 영주권을 취득하여 3년 이상 경과하면 지방자치단체장의 선거권이 부여되고 있다. 특정 조건을 만족하는 국내 조선족에게 재외동포 자격이 부여되었고, 선거권, 피선거권을 제외하면 대한민국 국민이 누릴 수 있는 모든 권리를 누리며 무제한 체류가 가능하고 국내 거소증을 부여받게 된다. 거기에 건설 분야를 제외한 기능사 이상의 국가기술자격을 받을 수도 있다.

조선족에 대한 인식상태

조선족이 연루된 범죄들로 일반 국민에게 부정적이었던 것이 사실이다. 이는 오랜 기간 한국과 단절되었고 서로 크게 다른 체제 아래에 살면서 인식의 차가 커 갈등을 일으킨 것으로 보인다.

2020년대 이후 중국의 패권주의가 심해지고 한국과의 정치적 대립이 빈발하면서 그 경계 선상에 놓인 조선족이 피해를 입기도 한다.

많은 조선족은 한국을 조상의 나라로 여기며 경제가 발전하여 물질적인 유익을 얻고자 하여 오고 있으나 때로는 임금체불, 사기피해, 폭행, 불평등에 대해 힘들어하고 불투명한 정체성 속에서 혼란과 방황속에 갈등하고 살아가기도 한다.

국내 초기 조선족 교회(서울, 안산)

서울 조선족 교회(담임목사, 서경석 목사)는, 교회활동, 주일예배(일, 수요일)를 진행하고 있고, 교역자 상담으로 예배, 신학공부, 국적취득, 사업장이동, 체류기간연장, 초청문의, 사기피해, 인권문제, 고용허가제 상담을 실시하며 쉼터운영과 임금체불상담, 산재보상활동과 무료진료(양방, 한방, 치과 등), 의료보험을 가입하게 하고 구직상담과 컴퓨터교육을 받을 수 있도록 하며 국제결혼 상담을 하고 동북아신문을 구독하게도 해주었다

서울 조선족 재림교회(담임 조문산 목사)

전체 조선족에게 영성의 복음 전파를 목표하고, 조선족 재림 마을과 요양원 개설을 계획하고, 다음 세대를 위한 양육과 도서관 건립과 장학금을 지원할 예정이다. 형제 교회들을 위한 기도 활동을 계속하고 있다.

노숙자 진료

1997년 외환위기와 IMF구제금융 사태로 대량실업을 유발하여 거리에 노숙인이 급증하게 되면서, 1999년 2월에 전국에 1만명 이상의 노숙자가 생겨났다. 이들 중 12%가 결핵 환자였고 70%가 서울, 경기지역에 집중되었는데 해마다 300에서 400명이 사망하고 있었다.

응급구호 차원에서 전국 각 지역에 쉼터를 개설해 104개소에 이르렀으며 2만 명 이상이 이용하였으나 2002년에 80여 개소로 정리되었다.

서울 〈자유의집〉은 1999년 1월 서울 영등포에 방림방직이 무상으로 기숙사를 임대해주어 4년 동안 22,200명의 자활 의지가 없는 노숙자를 수용했다. 한겨울에는 1,200여 명, 한여름에는 700여 명의 노숙인이 생활하였다. 그중에는 가족도 포기한 알코올 중독자, 교도소에서 막 나온 출소자, 병원에서 퇴원하여 갈 곳이 없는 사람들도 있었고, 정신질환자가 50%가 되어 정신건강센터, 알코올 중독자를 위한 치료센터를 개설하여 운영하기도 하였다.

한국기독의사회, 인도주의 실천 의사회 주관 의료봉사가 1999년 이후 계속되었다. 선교병원들도 동년 4월 이후 진료에 합류하게 되었다(사진).

▲ 서울 자유의집 노숙자 진료팀

인천 해인교회가 1998년부터 〈내일을여는집〉을 개설하고 가정폭력 상담을 시작, 재활용센터를 운영, 무료급식소와 푸드뱅크도 운용해 왔으며 이용 노숙자들이 삶의 목표를 세우도록 노력해 왔다.

청량리 지역에는 1989년 노숙자와 독거노인을 위한 식사 제공을 위해 다일 선교회 주관 〈밥퍼 급식소〉 운영이 33년이나 이어지고 있는데, 급식소 확장공사로 인한 불법 증축으로 서울시에 고발을 당하고 지역주민들에 의한 혐오시설로 고발된 상태에 있으며 서울시는 차후 합리적인 지원안을 모색 중이다.

2017년 9월 당시 거리 노숙자가 1,522명이 있었고, 이용노숙자(지하철역, 기차대합실, 도서관시설)가 493명, 시설노숙자(임시보호소, 자활시설, 재활요양원)가 9,325명, 쪽방 주민은 6,192명이 있었다.

▲ 지하철 대합실의 노숙자 진료

잠자리와 먹거리 제공과 의료지원(사진) 및 경제자립 지원서비스를 통해 자립 의지를 세워주고 사회활동과 구직활동을 통해 사회복귀를 하게 하였다.

탈북자(북한 이탈주민) 문제

1999년 3월 25일 한국기독교총연합회 임원회, 탈북난민보호 UN 청원 운동본부 설치와 천만인 서명운동을 결의하였다.

1999년 11월에 200만 명, 2000년 6월 700만 명, 2001년 3월에 1,000만 명이 서명에 돌파하였고, 이런 서명의 달성은 하나님의 뜻이고 전 세계 양심 있는 이들의 성원과 기독교인의 사명감을 갖고 기도하며 헌신한 결과이다.

10차에 걸쳐 연변지역 탈북자 실태조사가 시행되었다.

탈북자는 헌법상 대한민국 국민이요, 국제법상으로도 난민으로 보호받아야 한다. 뉴스위크지 등은 이들이 30만 명이나 되고 중국과 아시아를 떠돌며 숨어 지내고 있으며, 그들에겐 생존의 권리가 없고, 아이들은 학교를 다닐 수 없고, 어른들은 직업을 가질 수 없으며, 여성들은 팔려 다니고, 동남 아루트를 통한 수천 km의 귀순이 보도된 적도 있었다.

1999년 프랑스 시라크 대통령이 중국 장쩌민 주석에게 탈북자 강제송환과 인권 유린에 대한 프랑스인의 관심을 표명하고 앙리 의원은 프랑스 AATE TV와 연길지역 탈북자 실태를 답사 후 보도하였다.

2000년 말, 북한에서 18개월 체류하다 추방된 독일 긴급의사회 소속 블레르친 박사는 한국인들이 동족의 참상에 대해 무관심하다고 150여 명의 내외신기자들과 방담하였다.

중국에서는 누구라도 탈북자를 신고하면 북한 요원에게 붙들려 철삿줄로 코와 손바닥을 꿰어서 북한으로 강제송환 당하고 그곳에서 짐승만도 못한 학대와 고문을 당하고 공개처형과 정치범 수용소로 가게 되기도 한다.

이런 동포의 비극적 사실을 무시하거나 외면한다면 동족이나 사람의 도리가 아닐 것이다. 이들의 참상을 방치한 채 우리만의 복지나 삶의 질을 논하는 것은 너무나 이기적이라고 할 수 있다.

탈북자 강제 송환금지와 국제법상 난민 보호요청에 관한 UN청원 서명이 외국인 10만 명, 한국인 1,070만 명을 넘었다.

2000년 1월 UN의 고등판무관실은 중국이 탈북인을 북한으로 넘긴 것에 대해 국제법상 명백한 인권 유린임을 비난하는 성명을 냈었다. 중국은 UN에 가입한 세계 열 강국이니만큼 인권에 대해 배려가 있어야 하겠다.

대한민국도 탈북민을 자국민 보호 차원에서 강한 의지를 보여야 한다. 사실 탈북자라고 하기보다 '북한 이탈주민'이 공식적인 용어이다.

북한 이탈주민이 지난 20년간 대거 입국하여 34,000명이 되는 시대이나, 우리 사회의 무관심으로 최근에 굶어 죽은 탈북 모자 사건도 발생하였고, 동부전선으로 귀순하였다가 남한에서의 생활고를 이기지 못하여 다시 월북한 충격적인 사건도 있었음을 주시해야 하겠다.

그들은 북한 고난의 행군 시기에 극심한 배고픔을 겪었고, 가족과의 재결합, 가족 단위로 입국, 자녀교육과 남한 사회를 동경하여 오고 있다.

초기에는 대부분 남자였으나 지금은 70-80%가 여성이고 20-30대가 50-60%를 차지하는데, 대부분 중국이나 제3국에서 10년 이상 체류하다가 오고 있다.

북한을 이탈한 주민은 한 해 3,000명까지 입국하였으나 2012년 김정은 등장 이후 연 1,000명 정도로 감소되었다. 탈북할 사람은 이미 탈북하였고 북중 경비가 강화되었으며 남한에서의 적응이 쉽지 않아 줄어든 것이다.

북한 이탈주민은 한국에 오면 국가정보원 조사 후에 통일부 하나원에서 3개월 동안 적응 교육을 받고서, 5년간 추후 지원을 받는다. 주거비, 직업훈련, 취업장려금, 의료지원, 금융지원 등이다.

탈북민들은 정신적인 트라우마가 심하여 심리적 안정이 중요하고 심리상담사의 도움을 받을 수 있어야 한다. 취업 등 경제적 문제해결이 필요하나, 남한 사람들의 편견이나 선입관으로 취업에 어려움이 있고, 탈북자들은 일을 잘못한다는 잘못된 인식이 있고, 생소한 생활환경에 적응을 힘들어한다.

그들은 정착 후 3년이 지나도 70%가량이 기초 생활 수급자 상태이다. 2018년 고용률은 전년보다 3.5% 증가한 60.4%였고 월평균 수입은 1,899,000원이었다. 탈북민의 18%는 다시 북한에 돌아가고 싶은 생각을 한 적이 있다고 한다.

북한 이탈북민의 사망원인의 10-15%는 자살인데, 전체인구에 비하여 3배가 높은 실정이다.

탈북민에 더 많은 관심과 지원을 증가시킬 수 있는 한국 자국민들에 대한 홍보 및 협력 관계 형성과 정부의 지원 증대사업이 중요하겠다.

한편 2021년의 조사에 의하면 탈북민 76.5%가 남한에서의 생활에 만족함을 표명하였고, 그 이유로 자유로운 삶을 살 수 있다가 30.8%, 일한 만큼 소득을 획득할 수 있다가 24.8%, 경제적으로 여유가 있다가 22.8%이었다.

북한 이탈주민의 2021년 경제활동 참가율은 전년보다 1.2% 증가된 61.3%이었고, 고용률은 56.7%(전년보다 2.3% 증가)로 여성이 76%로 경제활동에 더 참가하였고, 월 평균소득은 전년보다 116,000원이 증가한 2,277,000원이었는데 일반 국민보다 457,000원 낮은 액수이고 남성이 1,105,000원 더 많았다.

그들은 남한 생활에서 16.1%가 차별을 당한 경험이 있다 했다. 그 이유가 문화적 소통방법이 달라 생긴 현상이 77.7%이고, 탈북자에 대한 부정적 인식도 45.5%에서 관여했을 것으로 추측되었다.

필요한 지원으로 취창업에 대하여 24.8%, 의료지원은 20.6%, 주택에 대한 지원을 13.8%에서 그리고 자녀교육을 요망하였다.

북한 이탈주민을 위해 1천 명 이상의 선교사들의 헌신적 봉사가 있었다. 북한에 납치당한 목사와 토막 살해를 당한 선교사도 있었으나, 조선족 교포들의 보살핌과 호의적인 한족의 협조로 중국 공안 당국과 북한의 색출 요원으로부터 살아남을 수 있었다.

국내외 언론과 인권단체들의 문제제기와 탈출한 탈북자들의 증언이 이어지고 있으나, 남한 당국이 안이한 대처로 일관한 것은 소위 말하는 문 정부의 조용한 외교를 행하는 것이었다. 그래서 대국 중국에 밀리는 정책을 펴는 결과를 낳았다. 국내 당국은 중국과 외교 문제가 되는 것을 싫어한다. 하지만 중국도 국제난민 협약 가입국이니 그 의무사항을 준수해야 할 것이다.

북한에서 96-7년의 아사자는 주로 지방도시의 노동자들이었는데, 권력을 세습하고서 3백만의 무고한 백성을 굶어 죽게 만든 장본인인 김정일은 지금은 죽었지만, 탈북자 인권을 침해한 죄까지 영원히 져야 할 것으로 본다.

탈북민 문제는 은폐하거나 축소해서 해결되지 않는다. 문제를 인식하고 원칙과 절차를 중시해야 한다. 중국 정부는 탈북난민의 실체를 인정치 않고 있으며 식량을 구하기 위한 단순 월경자로 취급하고 있는 형편이다.

1960년 북한과 비밀리에 체결한 중국 조선 범죄인 인도협정과

1986년 체결한 국경지역 업무 협정에 따라 탈북자를 체포하여 강제송환하고 있으며, 1993년 길림성 변경관리 조례 제정 이후에는 강제송환이 더욱 본격화되고 있다.

독일이 통일되기 전에 보았듯이 어떤 이유이건 한 체제로부터 탈출이 조직화, 대규모화되면 이를 조직적으로 막는 것은 불가능하다. 탈북자들은 중국에서의 장기체류를 통해 북한에서 배운 중국과 남한에 대한 지식이 옳지 않다는 것을 알고 북한당국이 인민을 속이고 있음을 깨닫게 된다. 이 소식이 암암리에 북한 전역으로 확대 전파되고 있으며 비도덕적 반인간적 사이비 집단과 같은 체제가 저지른 반인륜적 범죄행위는 그 어떤 노력으로도 가려질 수 없고 응분의 대가가 주어져야 할 것이다.

북한은 탈북사태에 당혹해하며 이를 막기 위해 국경 수비를 강화하고 강제 송환된 탈북자를 공개처형하는 등의 방법으로 체제 유지에 이용하였으나 이 가혹행위가 귀순자들의 입을 통해 전해졌고, 특히 여성에 대한 가혹행위가 더 문제되고 있다. 최근 1,000명의 특수요원을 중국에 파견하여 선교사와 인권단체들을 조사하고 있다. 위장 탈북자를 600명이나 이용하였다. 탈북자들을 전문적으로 남한으로 이주시키는 조직들이 조선족과 한족 사이에 활성화되고 남한 사람들이 연계되어 귀순을 돕고 있다. 여성의 탈북이 증가되어 60%나 되고 미국까지도 가게 되었다.

북한 이탈주민들은 중국에 장기간 은신하고 있으며 노골적으로 북한정권 타도를 내세우고 집단적으로 조직화되고 있다. 최근 체제에 반기를 들고 남한으로 이주할 목표로 탈출하고, 중국 정부와는 달리 중국사회, 중국인들의 동정심으로 초기 정착을 지원받고 중국에 정착하며 살기도 한다. 탈북자에 대한 단기대책뿐 아니라 중장기 대책을 세워 현지정착, 제도적 보호가 필요하다고 하겠다.

탈북민에 대한 단기 보호 대책은 긴급히 돌보고 보호해야 하고, 국경변의 한족, 조선족, 중국 내 선교사들과 조선족 교회가 많아 져야 한다. 그래서 생필품과 식료품을 은신하는 곳에 전달해주고 생명의 보따리인 쌀, 옥수수, 밀가루, 치약, 내의, 옷, 의약품 등을 전해 주어야 한다.

중장기대책은 중국 사회가 공업화되면서 이농현상이 생기고 동북 3성이 인구가 감소하고 있는데 탈북자들을 정착시켜서 공동체 운영을 할 수 있어야 한다. 다만 호구를 사들이기 위해서 많은 돈을 지불해야 한다.

북한의 기아 상태는 자연재해보다는 정치적 이유인 핵무기개발 등에 의하고, 식량 배급이 평양을 중심으로 한 지배계급, 군인, 상공인, 지방의 당원 등 특정 계층에게만 이루어지고 일부 계층에는 전혀 이루어지지 않는다. 강제 송환된 탈북자들은 정치보위부가 추궁하여 선교사나 남한 사람을 만났는지 복음을 접하였는지 확인하고 있다.

탈북한 사람들의 대부분은 정치적으로 적대계층과 동요계층으로 분류되고 남한 동포와 만났거나 선교사와 접촉하고 복음을 접한 경우에는 즉각 처형시키고 있다.

탈북민도 국제법상 난민으로 인정하면 국내외 인권단체들이 합법적으로 도울 수 있다. 그래서 탈북자 상태에 대한 조사와 홍보가 이루어져야 한다. 중국의 접경지역에 난민신고소를 설치하고 탈북난민에게는 여행증명서를 발급해야 하고 중국 내 탈북자 보호시설을 건립하여 보호하여야 한다.

중국은 탈북자들을 인정하지 않으며 이 문제를 제기하는 우리를 용납치 않을 태세이다. 북한은 중국에 기대어 이익을 얻고자 하고 중국은 이런 북한을 자신의 정치적 입지 강화에 이용하려 하고 있다. 미국은 이런 북한을 불량국가로 분류하고 북한의 핵미사일에 대한 NMD사업을 추진 중이며 중국과 러시아는 미국을 향해 군비경쟁을 조장하는 행위라고 비난하고 있다.

이런 와중에 우리 정부는 한때 북한과 화해와 협력을 주장하면서, 탈북자의 존재를 반갑게 여기지 않으며 모처럼 화해 분위기에 북한을 자극하지 않겠다고 하고 있다. 그러나 국민의 지지를 받지 못하고 그 사업은 그 미래가 불투명할 것이어서 국민의 뜻을 바르게 읽고 이를 실행해 나가야 할 것이다.

북한당국은 가망성 없는 군사력 강화를 위한 군사비 중 특히 핵개발비를 삭감하고 체제 유지를 위한 과다한 비용을 줄여서 대신 주민을 먹이고 보살펴야 할 것이다.

북한이 더 민주화되고 독재가 없어지게 될 때까지 국제언론을 환기시키고 전세계에 탈북자의 진상을 알려 중국 정부도 진지하게 그 해결에 임하도록 해야 하겠다.

이들 북한 이탈주민들은 우리 사회에서 소수이고 약자이며 낯선 곳에서 고립되어 살아가고 있으니 이들에 대한 지원과 정책적 배려를 통일에 대한 투자로 이해해야 한다. 정부 지원의 개선, 서로 어울리게 해야 하고 그들의 고통과 아픔을 이해하고 포용하려는 노력을 기울여야 한다. 나아가 북한 이탈주민들에게 자유민주주의와 시장경제를 수용하도록 그들에게 신뢰감을 주어 통일에 대비하는 시금석으로 삼는 정성을 기울여야 하겠다.

의명의료선교센터는 2019년 9월 재림교회에서 '새터민'을 위하여 조직된 봉사단체로 탈북민 사업을 시작하게 되었다. 정착 도우미의 사역과 북한 개방에 대비한 전향적 선교 활동을 본격화시켜야 하겠다.

Epilogue

이 책을 쓰려고 마음먹은 것은 아마도 의료선교지에서 일기를 쓸 때로 봐야 할 것이다. 그러니 결심과 계획은 꽤 오래전에 세워진 셈이었다.

한낱 가족끼리 한정적으로 읽히는 것이 아니었다면 무슨 목적이 있지 않았을까 하고 묻는 사람도 있을 터. 답변하겠다. 처음에 그저 개인 기록으로 생각했을 뿐, 다른 의도는 전혀 없었다. 내가 했던 그 의료봉사와 선교가 무슨 거룩한 선행도 아니어서 알려질까 오히려 걱정했을 정도이었으니까.

그런데 어느 날 생각을 조금 달리했다. 누구나 육신의 삶은 유한하다. 몸을 주님께 완전히 의탁하기 전에 내가 아는 '의료선교'라는 선한 영향을 주는 사업의 실정이라도 알리고 싶어졌다. 그러나 그 범위는 함께 봉사했던 사람들과 관계자들로 한정하려 했다. 본인들이 했던 헌신에 대한 사실을 왜곡 없이 알아야 할 것이기 때문이었다.

우리 역사에 큰 영향을 준 미국인 선교사들이 꽤 많다. 대표적인 인물 알렌(Horace N Allen, 한국명 안련)이 그중 한 명이다. 그는 미국 오하이오주 출신 신학자이자 의사이었다. 알렌은 기독교 해외 선교에 대한 열망이 있어서 학생 때 이미 북장로회 해외선교부의 선교사에 지원하였고 그 후에 조선에 입국한다. 1884년 9월 20일의 일이었다.

알렌은 갑신정변 중 민영익을 치료한 공으로 고종의 시의로 임명되었고, 그가 제안한 서양식 병원 제중원(濟衆院)도 설립되도록 했다. 나중에 세브란스의학전문학교가 되고, 선교사 언더우드의 연희전문학교와 세브란스의학전문학교가 1957년 합쳐지면서 두 학교의 머리글자를 따 연세대학교가 된다.

내가 졸업하고 나중에 가르치기도 했던 학교 연세대학교가 두 선교사의 힘으로 세워졌으니, 나 또한 그들의 인간생명애와 기독교 정신을 자연스럽게 체득하였고, 나중에는 의료선교활동에 발을 딛게 된 것이다.

여기서 내 나름의 한국의료 선교의 실상과 그 가치를 살펴보겠다.

마태복음 10:1 말씀은 "예수께서 그 열두 제자를 부르사 더러운 귀신을 쫓아내며 모든 병과 약한 것을 고치는 권능을 주시니라"이다.

특히 주님은 치유능력을 발휘, 인간이면 누구나 가진 고통스러운 육신의 연약함을 긍휼히 여겨 사랑으로 돌봐 주셨다. 주님은 병든

자가 치료를 약한 자가 힘을 얻게 되는 역사를 보여 주셨다.

개화기 조선은 하나님의 주권으로 깨어났다고 봐도 과언이 아닐 것이다. 믿음으로 순종한 이국의 능력 있는 선교사들이 어렵게 건너와 구원받지 못할 나라에서 구원의 축복이 가득한 현재의 자유대한민국으로 새롭게 태어나게 만든 것은 사실이 아닌가.

이제 우리나라도 받는 선교에서 주는 선교로 발전했다. 80년 동안의 도움받는 선교시대를 끝내고 복음과 의료의 빚을 갚기 위해 나선 것이다. 1969년 기독의료선교협회가 발족되었고, 1977년에는 방글라데시에 첫 단기의료선교봉사단을 파송하였다. 의사와 간호사, 선교사가 방글라데시에서 장기의료선교사역을 시작했던 것이다. 깨어있는 교회와 몇 기독병원에 의해 주도되었으나 산발적, 단회적이어서 한동안 그 성과는 빛을 발하지 못한 초창기 역사도 있다.

1980년 CMF 의대생수련회가 의료선교를 주제로 처음 문을 열었고, CCC, IVF 등의 학생선교단체가 힘을 보태 1988년 선교한국, 선교횃불 등의 학생선교 연합운동이 일어났다.

이후 단기 의료 선교여행을 통해 의료선교가 활성화되었다. 각 선교 단체마다 독자적인 선교방식을 채택, 확산되었다. 1989년, 제1회 의료선교대회로 의료선교를 표방하는 모든 의료선교단체와 학생선교단체, 지역교회와의 연합이 가능해졌다. 90년대 후반에는 북한의료선교도 역사적으로 시작되었고, 미전도종족과 회교권에 의료선교를 위한 복음이 들어갔다. 이때 의료선교정보전략연구소도 발족되었다.

이 지구 위 전 민족들에게 복음이 퍼져 하나님의 나라가 임하게 하는 것이 선교의 궁극적 목적이다. 선교활동이 이 목적에 집중되어야 하는 것을 전제한다면 내가 평생 관심을 가졌던 의료선교는 마땅히 그 선봉에 서야 한다. 조선 개화기에 의료를 통해 복음이 들어오고 복음이 온 나라에 퍼져나갔던 점을 기억한다면 한국교회는 의료선교에 많은 도움의 빚을 지고 있다고 할 것이다.

단기의료선교에 나설 때마다 나 하나 힘으로 무슨 힘이 될 수 있을까 하는 자괴감에 빠진 적이 많았다. 그러나 꽃 한 송이가 결국 큰 산을 온통 꽃으로 붉게 물들인다고 생각하고 스스로 기운을 내곤 했다.

지금은 뒤돌아보는 시간을 자주 갖는다. 나만의 입장에서 전개한 의료선교가 오히려 현지민이나 믿음의 동료들에게 불편을 주지나 않았을까 하는 생각이 문득 들기도 한다.

하지만 하나님이 주신 사명에 임할 때마다 늘 큰 기쁨이 넘쳤고 은혜가 충만하였으니 한없이 뿌듯한 심정이다. 영원히 그러하리라.

이종화 著

하늘이 내게 주신
사명

초판발행일 2023년 4월 26일

지은이 : 이종화
펴낸곳 : 도서출판 문학공원
발행인 : 김순진
편집장 : 전하라
디자인 : 김초롱
등 록 : 2004년 3월 9일 제6-706호
주 소 : (우편번호 03382)서울 은평구 통일로 633
녹번오피스텔 501동 302호 스토리문학사
전 화 : 02-2234-1666
팩 스 : 02-2236-1666
홈페이지 : http://www.munhakpark.com
이메일 : 4615562@hanmail.net

※ 잘못된 책은 교환해 드립니다.
※ 책값은 뒤표지에 있습니다.